「たった3分」からの
男の「早い」は才能だった!
大逆転

アダム徳永
Adam Tokunaga

講談社

まえがき

本書を手にされたあなたに、まず一言。

「おめでとうございます！」

いきなりで驚かれたでしょう。しかし、この言葉ほど、今のあなたにピッタリな言葉はありません。あなたは今、早漏に悩んでいるはずです。思いとは裏腹に、何をどうやってみても、愛する女性と長く愛し合えないことで、数々のみじめな思いを経験し、自分を呪《のろ》い、わらをもつかむ思いで本書を手にされた方も少なくないでしょう。それなのに、なぜおめでとうなのか？　それをこれから説明させてください。

このおめでとうには、３つの理由があります。

まずひとつめ。それはあなたが、素晴らしい資質の持ち主だからです。なぜなら早漏とは、性的感受性に優れているということです。それは、「感じるエネルギー（＝性エネルギー）」が敏感ということなのです。後ほど詳しく説明しますが、性エネルギーが敏感ということは、セックスに圧倒的に有利です。今は、感じるエネルギーが敏感すぎて、それを自分でコントロールできていないだけなのです。これまでは、早漏というマイナス面だけがクローズアップされてしまい、あなたが持って生まれた計り知れない潜在能力に気がつかなかっただけなのです。早漏という現象は、優れた資質がいたずらに咲かせてしまったあだ花にすぎません。早漏を克服し、そのパワーをコントロールできるようになれば、最強の力を手にすることができるのです。

問題は、暴れん坊の敏感なエネルギーをどうコントロールすればいいのか、ということですが、実はあなたは、本書を手にされただけで、もう早漏克服に半分成功したも同然なのです。これがふたつめのおめでとうです。気休めを言っているのではありません。早漏に悩む男性たちは、人知れずさまざまな方法を試します。けれども、彼らのほとんどは、涙ぐましい努力のかいなく討ち死にしてしまう。なぜか？　それは既存の早漏克服法が間違っていたからです。裏風俗史の中でまことしやかに連綿と伝承されてきた早漏克服法なるものは、性科学的根拠などないデタラメな方法ばかりなのです。役に立たなくて当然です。本書では、先述した性エネルギーの概念を初めて取り入れて私が独自に開発した画期的な早漏克服トレーニング法を、あますところなく開陳します。指示に従ってトレーニングしていただければ、期間には個人差がありますが、誰でも必ず克服できると断言します。繰り返しますが、これまであなたが何を試してみてもダメだったのは、方法が間違っていたからです。はっきりさせておきたいのは、早漏は「不治の病」でもなければ、「そういう体質」でもないということ。あきらめることなどありません。正しい知識と方法に基づき、しっかりとトレーニングを積めば、単に「長持ち」になるだけではなく、強力なパワーを操れるようになるのです。

これほどに私が、あなたの早漏克服に自信を持つのはなぜだと思いますか？　それは、本書で紹介するのは、すべて私自身が、自分の早漏を克服するために編み出し、わが身をもってその驚くべき効果を実感したトレーニング法だからです。

何を隠そう、以前の私は、超のつく早漏でした。このトレーニング法を編み出す37歳まで、「たった3分」どころか「たった1分」も持ちませんでした。三擦《みこす》り半《はん》も日常茶飯事。接して漏らさず、という言葉がありますが、私は「接せず漏らす」こともたびたびでした。もしも早漏選手権があれば、間違いなく日本代表候補になれるスピードを誇っていました。その私でも克服できたのです。あなたができないわけがありません。今では私は、1時間でも2時間でも好きなだけ愛し合えるスキルを手にしました。1時間、2時間と軽く言いましたが、「たった1分」が無理だった頃の自分には、とても想像もできない時間です。おそらく「たった3分」の男性には信じられないでしょう。そしてあなたも今、こう思っているはずです。

「たった3分でも必死なのに、2時間以上なんて自分にはとても無理だ」と。

早漏に悩む男性のほとんどが、ひとつ大きな誤解をしています。それは、時間に対する誤解です。早漏に悩む男性は、とにかく今より1分でも1秒でも「長持ち」したいと思っています。私もそうでしたから、本当にその気持ちはよくわかります。どうしたらイカないように我慢できるか？　と。そうではないのです。我慢しながらするセックスが楽しいはずがありません。あなたがこれから手にしようとしているのは、2時間でも平気な「長持ち力」ではなく、いつでも好きなタイミングで射精できる「コントロール力」なのです。

今までの何倍も強くて深い快感を好きなだけ味わいながら、愛する女性に性の喜びを存分に与え、お互いに最高のタイミングで最高のクライマックスを迎える。夢物語ではありません。それこそが、敏感な性エネルギーの持ち主であるあなたの真の姿なのです。

超早漏時代、私は自分を恨みました。本当に死にたいくらいみじめな思いもしました。しかし今では、超早漏だったことに感謝しています。なぜなら、超早漏でなければ、「性エネルギー」の存在に気づくことはなかったからです。当然、アダム徳永も、この世にありませんでした。それほどに性エネルギーは、セックスと濃密な関わりを持っています。

第三章で、「気」と「気功」に関する話を詳しく紹介しています。本書における「気」とは、まさに「性エネルギー」を指します。実はこれまで、気についてはあえてサラリと流してきました。早漏克服トレーニングにおいても、スローセックステクニックにおいても、「気のコントロール」は、メソッドの核心部にあります。それはそうなのだけれど、一般男性にとって、「気」という言葉が与えるイメージは、あやしげで得体のしれないものです。スローセックスの普及には、かえってマイナスになりはしないかという判断から、極力軽く触れる程度にとどめてきたというのがこれまでの経緯です。今回はその縛りを、解きます。気がコントロールできるようになれば、早漏というマイナスは一気にプラスに転じます。セックスにドラスティックな革命が起きます。しかし大逆転するのはセックスだけではありません。

人生も一変するのです。それが3つめのおめでとうです。すぐには信じてもらえないかもしれませんが、気がコントロールできるようになると、人の気持ちが読めたり、コントロールできるようになるのです。ウソのように恋愛や仕事がうまくいくようになります。簡単に言えば、成功をつかむことができるのです。

もう一度言います。早漏は資質です。そしてすべては早漏克服から始まります。

2010年2月

アダム徳永《とくなが》

◉目次

第1章　早漏は必ず克服できる

第2章 射精を自在にコントロールする技術

第3章 セックスの本質は「気の交流」にある

第4章 射精にこだわらない最高の「イク技術」

第5章 カラダの芯から官能させる技術

第6章 セックスで得られる「男性力」が人生を変える

「たった3分」からの大逆転

男の「早い」は才能だった！

第1章

早漏は必ず克服できる

私は37歳まで「たった1分」でした

元超早漏のアダム徳永です。

こんな自己紹介で始まる本を、あなたは初めて手にしたと思います。私も、まさか自分がこんな本を出版する立場になろうとは思ってもいませんでした。

今でこそ、「セックスの達人」という照れくさい肩書をつけていただくことがありますが、その私も、37歳まで3分どころか、「1分も持たない」超早漏に悩んでいたのですから。現在の私を知る人からは、「まさか?」「ウソでしょ?」「冗談ですよね?」というリアクションが返ってきますが、ウソでも冗談でもありません。本当に昔の私は、どうしようもない**超超超早漏男性**だったのです。

当時私は、「これは体質だから、もう治らない」と、半ばあきらめかけていました。いえ、九十九パーセントあきらめていました。自分に絶望していました。

私が、早漏を自覚したのは、24歳の時でした。相手は妻。それが私の初体験でした。セックスの達人にしては、ずいぶんと遅い初体験だとビックリされたかもしれませんね。

早漏の話をする前に、私の暗い童貞時代の話から始めましょう。私が生まれて初めて射精を経験したのは、確か、中学2年の時だったと思います。記憶があやふやなのは、青春時代という言葉を使うこともためらわれるほど、心の中がどんより曇っているような毎日で、記憶がかすんでしまっているからです。多くの人は青春時代の性や恋の思い出を、「甘酸っぱい記憶」として残しています。しかし私は、青春時代のことをあまり覚えていません。何がどうなって射精に至ったかも記憶は曖昧《あいまい》です。

ただ、その時は、ふとんの上に仰向けになっていたことは確かです。ペニスの先から、初めて見る白い液体が、天井に届かんばかりの勢いで噴出した光景は、鮮明に記憶していいます。**カミナリに貫かれたようなものすごい快感**が全身を走りました。私のカラダはどうなってしまったのか？　ただただ恐怖が先に立ちました。それでも、多くの男性がそうなるように、その日以来、私はそれがマスターベーションだという認識を持たないまま、親の目を盗んでは**射精行為**に耽《ふけ》りました。

好きなクラスメイトのことを考えると、すぐにペニスは大きくなります。ただ、当時は今と比べて格段にアダルト情報が少なく、高校生になっても、セックスの知識を持っていませんでした。要するに、ペニスを膣《ちつ》に挿入するということを知らなかった。私は好きな女の子を思いながら、どんな想像をしたと思いますか？　私は、好きな女の子と、土手の道を、手をつないで歩いています。そして、何かのきっかけで、ふたりはもつれるように土手の草むらに倒れこむ。そして抱き合ってキスをする。しかし、その先の行為が私には思い浮かびません。キスの次に何をしたらいいのかわからない私は、また手をつないで土手を歩くところに戻るのです。私は延々、終わりのない妄想を繰り返し続けました。

私は恋愛に対して人一倍関心がありました。しかしその気持ちとは裏腹に、自分の世界に籠《こも》りがちになりました。そして、自分の屈折に救いを求めるように、読書にハマりました。洋の東西を問わず、高校生の頃は文学に、大学生の頃には哲学書や思想書にまで手を伸ばし乱読しました。元々「愛と性」について関心が深かったこともあり、愛と性をテーマにした作品は、片っ端から読み漁《あさ》りました。

私は多くのことを本から学びましたが、同時に読書は、私の理想とする愛の世界と、いわゆる青春時代の普通の恋愛との距離を、恐ろしいほど大きくしていきました。要するに、普通の恋愛ができないのです。大学生の頃、好きな女性とやっとのことでデートにこぎつけても、その女性と話が合わない。女性から、人気ドラマに出ている何某《なにがし》という俳優がカッコイイ、みたいな話をされても、私はそんな話になんの意味があるのかと思ってしまう。逆に私が、難しい哲学書などから受け売りの挿話を熱心に語りだすと、相手は完全に引いてしまう。自分は正しいと思い込んでいるところが、今振り返ってみてもタチの悪いところです。恋愛に関しては、まさに**どん詰まり**の状態でした。

こう話すと、何か私が俗世間から離れて暮らしていたように思われるかもしれませんが、そんなことはありません。ストリップを観るのは大好きでした。超早漏のエピソードとして、今でも忘れられないのは、学生時代、名古屋の今池にあるストリップ劇場に行った時のことです。ドキドキしながら劇場の扉を開け、まばゆいばかりのステージで生まれたままの姿で舞い踊る踊り子さんを見た瞬間、私は**棒立ちのままでイッてしまった**のです。「接して漏らさず」の真逆で、「接せず漏らし」てしまったんです。

こんな話ができるのも、早漏を克服したからですが、さすがに我ながら相当に情けない話だと思います。

さて、女性と思うように恋愛ができないことを自覚した私は、こんなことでは結婚もできない、と焦りました。それで、社交的で顔の広かった父親に一切を任せ、お見合いで知り合ったのが、今の妻です。

先に、妻との初体験の時に早漏を自覚したと書きましたが、正確には少し違います。確かに初夜からずっと、**挿入から射精までは1分と持たない**夜の生活が続いていました。

まだ当時は、もちろんスローセックステクニックなど開発していませんから、自分には持続力がないという認識も手伝って、昔から前戯には時間をかけていました。テクニックとしてはお粗末なものだったと思いますが、**たっぷり1時間**は一生懸命に愛撫《あいぶ》していました。そのかいもあって、妻も私とのセックスにある程度は満足してくれていたと思います。けれども、私はというと、やっぱり物足りなさを感じるわけです。それはそうです。1時間以上も汗だくになって妻の全身を舐《な》めまわしてクンニでちゃんとイカせた挙げ句、こっちは**たった1分**でジ・エンド。

前戯1時間：挿入1分。

この虚《むな》しさが、おわかりいただけるでしょうか。

本能は、もっとつながっていたい！　と叫んでいるのです。けれども、妻に上に乗られると、すぐに**局部に熱い何か**が押し寄せてきて、**あっという間に爆発**してしまうのです。何をやっても我慢できないのです。

当時、一番うらやましかったのは、AV男優です。なんでそんなに**烈《はげ》しいピストン運動を長時間続けることができる**のか？　こっちは、イカないようにイカないようにと願いながら、恐る恐る腰を動かしているわけですからね。私にはAV男優全員が、スーパーマンに見えました。彼らは特別な人、私は普通なんだと、本当にそう思っていました。

そんな私が、はっきりと早漏だと自覚したのは、結婚からしばらくして、同窓会か何かで、地元の友人たちとセックスの話になった時のことです。挿入時間を気にしていた私は、何気なく友人たちに、「何分くらい？」と聞いてみたのですが、全員が「5分以上」だったのです。中には「30分くらい」とサラリと答える猛者《もさ》（当時の私の感覚です）もいました。最後に、それでおまえはどうなんだよ？　と聞かれて、

「オレ、1分しか持たないけど……」

と正直に答えた時の、そのみじめさは、今でも忘れられません。

さあ、これで私には何も隠すことはありません。

ここからは、建て前抜きで行きましょう。

前に私が、文学青年だった頃の話をしました。私は本から人生に必要なさまざまなことを学びました。本はある意味私の師ともいえる存在です。しかし、私はその師にひとつ不満があります。なぜ、**早漏の克服法を記した書物が世の中にはない**のか？　ということです。もしも、この世に早漏克服本が存在していて、もっと若い頃に出会うことができたら、私の20代はまったく違う景色になっていたと残念でならないのです。

私が若い頃に出会いたかった本。それが、今あなたが手にしているこの本です。もしもタイムマシーンがあったら、私は本書を過去の自分に届けたい。そんな思いを込めて、過去の私自身であるあなたに今届けます。

間違いだらけの早漏克服法

早漏に悩む男性は、あらゆることを試します。あなたもこれまでいろんな方法を試されてきたことと思います。世の中には、なんとなく科学的に思えるものから、あやしげなものまで、文字通りピンからキリまで、**さまざまな早漏克服法なるものが存在**しています。

あなたはどんな方法を試してみましたか？

ちなみに、私がこれまで試したものをざっと羅列してみたいと思います。

天井のシミを数える。頭の中で九九を暗唱する。金冷法。早漏防止クリームを塗る。お酒を飲む。コンドームの２枚重ね。セックス前に一発抜いておく。イキそうになったら睾丸《こうがん》を引っ張る。ペニスを乾布摩擦する……。

だいたいこんな感じです。

中には、多少、射精の時間を遅らせてくれるものもありました。しかし、克服という言葉には**程遠い**ものばかりでした。

たとえば、「天井のシミを数える」に代表される、別のことを考えて気を紛らわす方法ですが、セックスの最中にそんなことをして**楽しいはずがありません**。早漏を克服する目的は、**セックスを楽しむ**ことです。

「金冷法」は、巷《ちまた》ではもっともポピュラーな早漏克服法というイメージがあるので、試された方も多いと思います。ご存じない方に簡単に説明します。風呂場でお湯と水の入ったふたつの洗面器を用意して、そこに睾丸を交互に入れるという方法です。有名ですが、改善報告を私は聞いたことがありません。それもそのはずです。そもそも金冷法は、回春（精力増幅）の方法なのです。それがどこでどう曲解されたのか、いつの間にか、あたかも早漏防止法のごとく**誤解されてしまった**のです。

早漏に悩む男性は、みなさんそれぞれに涙ぐましい努力をされます。しかし、期待したような効果が出ないため、結局あきらめてしまう。さんざんいろんなことを試してはみたものの、全部がダメだから、「体質だから、もう治らない」と、**あきらめモード**に入ってしまう。これが、男性から自信を喪失させるパターンなのです。

かくいう私も、そのパターンに入りかけました。努力が報われないのは、本当に人を絶望の淵《ふち》に追い込みます。

なんの自慢にもなりませんが、涙ぐましい努力にかけては、自信があります。ペニスが鈍感になれば早漏は治るはず！　という信念のもと、ペニスの皮が**擦《す》りむけて血が出る**ほど、乾いた粗めの雑巾で亀頭を擦《こす》り続けたことなど、まだ可愛《かわい》いほうです。

30歳を過ぎてからのことですが、亀頭の裏にある「縫い目」を、**カッターで切ろう**としたことがあります。後述しますが、射精のメカニズムに、縫い目は一枚かんでいるのです。早漏克服の研究を重ねる中、その事実を発見した私は、「そんな余計なスジは切ってしまえ」と、カッターの刃を当てて切ったことがあります。幸いカッターの刃が鈍かったせいか、血がにじむ程度で切らずに済みました。後に美容整形外科クリニックに行き、先生に理由を話して、縫い目の筋を切断してもらおうとしました。すると、相談した医師から、「その筋には神経が走っています。それを切ったら、あなたのペニスは**男性としての機能を失う**」と諭《さと》されました。危ういところで不感症になる危機から救われました。

それほど私は**追いつめられていた**のです。

最後の望みを断たれた私は絶望しました。私は男として性の喜びを得られないみじめな人間だと思いました。

しかし、違うのです。何を試してみてもよい結果が出なかったのは、あなたの努力が足りなかったからでも、あなたの体質のせいでもありません。**方法が間違っていた**のです。今、世の中でまことしやかに語り継がれている「早漏克服法」なるものは、**すべて間違い**なのです。ウソっぱちなのです。

正しい早漏克服法を開発して、積年の早漏克服を果たした時、そのことに気がつきました。第二章で紹介する方法が、現時点では唯一の早漏克服法です。

もしもあなたが現在、なにか続けられている早漏克服法があれば、今すぐやめてください。あなたから自信を奪い去るだけです。

セックスのコンプレックスは男から自信を奪い去る

本書を手にされたあなたは、今、早漏を克服する**千載一遇のチャンス**を迎えています。どうか、私の言葉を信じて、この機会を逃さないでください。

世の中にコンプレックスのない人などいません。現代人の誰もが他人には気軽に話せないコンプレックスを抱えています。コンプレックスにはさまざまあります。身体的コンプレックス、学歴コンプレックス、経済的コンプレックス、家柄コンプレックス……。それぞれ、自分のコンプレックスに境遇の不運や、負い目を感じているでしょう。一概に、パーソナルなコンプレックスを他人が重い軽いと区別することはできません。では、早漏も、世の中に無数にあるコンプレックスと同じかといえば、それは違います。

私が運営するセックススクールａｄａｍ（以下、スクール）で男性受講生たちと接していて痛感するのは、「**セックスの悩みほど大きなコンプレックスはない**」ということです。

早漏という弱点は、走るのが遅いとか、歌が下手とか、数学が苦手といった弱点とはまったく次元の違う、**計り知れない大きさのダメージを男性に与える**のです。

第一に、性的なコンプレックスは、「バネにならない」ということです。たとえば勉強が苦手なら、スポーツや音楽をがんばって、プロの道を目指すとか、貧乏な家に生まれたら、その悔しさを糧に起業家として立身出世するなど、人間はコンプレックスをバネにしてがんばれる力を持っています。自分が目指した道で成功すれば、そのことが自信となり、コンプレックスが百パーセント解消されるとは言わないまでも、矜持《きょうじ》が生まれ、いたずらに他人をうらやましがることもなくなります。たとえ大成功とはいかなくても、何かに向かって努力した経験は自信となり、ある種のカタルシスを味わうことで、その後の人生を力強く生きていくことができます。要するに、自分の弱点とは別の分野に目を向けることで、弱点を補完することができるのです。

しかし、性的なコンプレックスは、**他の何かでは補いようがない**のです。男性からすべての自信を奪い去り、セックスに自信がない→恋愛に消極的→愛のない生活→人生がつまらない、という不幸の定型パターンに陥ってしまいます。

広い世の中にはいろいろな人がいますから、決めつけはよくありませんね。では仮に、早漏で暗い青春時代を歩んだけれど、商才に秀でていて、若くして部下を何百人、何千人と持つ一流企業の社長に上りつめた男性がいるとしましょう。世間一般の人から見れば、堂々たる成功者となりました。もちろんその男性は、仕事というジャンルでは、誰にも負けない自信を手にしているでしょう。お金もある。その気になれば、若くてきれいな愛人を何人もつくることだってできます。

しかし、それで彼が心から満足するかといえば、その逆なのです。仕事に関する絶対的な自信とは裏腹に、周囲にはいくらでも若くてきれいな女性がいるのに、その彼女たちのたったひとりさえ自分はベッドで満足させてやれないという、この圧倒的な落差に、ひとり烈しく**自分を呪《のろ》う**のです。

「セックスがすべてじゃない」

他人のセックスに濃く関わる仕事をしていると、逆にこんな意見にもよく出会います。おっしゃる通りです。私もセックスがすべてだとは思いません。仕事や趣味に生きがいを見出すのはとてもいいことですし、生まれつきセックスに淡白な人もいます。

しかし、セックスを自分から遠ざければ、セックスのコンプレックスが解消されるのかと問われれば、答えはＮＯです。性欲を侮《あなど》ってはいけません。性欲は本能という**強烈な欲望**なのです。

誰にも否定できないのは、人間はみんな**愛を欲している**ということです。そして**セックス**

でしか感じられない愛があるのです。この愛は、経験した人でないと、具体的な実感はわかりづらいのですが、たとえ経験がなくても、その愛の存在はすべての人のＤＮＡの記憶の中にしっかりと刻み込まれています。ですから、どんなに実際のセックスから逃げようとも、理想の愛に手を伸ばせないことへのたとえようのない虚しさに、無意識レベルで打ちのめされることになるのです。

早漏とは、一般男性の標準よりも、挿入から射精までの時間が短いこと。言葉にすればたったこれだけの弱点です。しかし、たったそれだけのことが、男性の自信を根底から奪い去ってしまうということを、しっかりと認識してください。「たかが早漏くらい」と、高を括《くく》ったり、「どうせオレなんか」と、あきらめたり、放っておいたりしては**絶対にダメ**なのです。

そしてここがポイントですが、もっとも大きなコンプレックスである性的コンプレックスを克服した暁には、人生を百八十度変えるほどの「**最大級の男の自信**」を、手にすることができるのです。

私を信じ、石にかじりつく覚悟で、早漏克服に臨んでください。一緒に、未来の扉を開けましょう！

早漏とは「射精をコントロールできないすべての男性」のこと

ここでは、早漏の定義についてお話ししたいと思います。なにをもって早漏とするのか？

これまで早漏の定義には諸説ありましたが、その多くは、挿入時間に関するものです。
・挿入から射精までの時間が2分以内で、これが過去6ヵ月以上の間に、性交の50％以上で発生する場合
・不十分な勃起《ぼっき》状態で、挿入前または挿入15秒以内の射精
・挿入1分以内の射精
・パートナーが希望する挿入から射精までの時間内で、射精をこらえられない場合
これらが、既存の早漏の医学的定義の代表的なものですが、今ご覧になって、安心された男性は多いのではないでしょうか？

「なーんだ。オレは、そんなに短くないから大丈夫」

と。残念ですが、その考えは**間違い**です。既存の定義づけの第一義的要素は、生殖能力の有無です。簡単に言えば、「そんなに短いと、子づくりに支障をきたすから、治療が必要ですよ」という話にすぎないのです。もちろん、単に生殖能力の有無だけで言えば、ちゃんと

膣に挿入できる勃起力さえあれば、たとえ挿入後1秒で射精したとしても、妊娠は可能です。

少し話が横道にそれますが、みなさんは、動物の交尾時間をご存じでしょうか？　俗に「牛の一突き」などと言われますが、牛はもちろん、馬やトラ、ライオンなど、ほとんどの動物は、あっと言う間に射精してしまいます。文字通り三《み》擦《こす》り半《はん》が普通で、長くてもせいぜい数十秒です。常に外敵からの攻撃に備えていなければ生き残れない弱肉強食の自然界に生きる野生動物は、種を絶やさないという本能的命題が最優先されています。だから野生動物のオスはみんな、ジャンクセックス&早漏が当たり前。命に関わる問題ですから、ゆったりとスローセックスを楽しむなんて発想は、彼らの頭の中には皆無です。さらに言えば、動物の世界では、パートナー選びの主導権はメスが握っています。メスがオスを選ぶ際の基準となるのは「強さ」です。冗談交じりに言えば、もしもセックスが上手《うま》いオス牛がいたとしても、なんらメス牛たちの評価の対象にはならないのです。種の保存のために、メスたちは粛々《しゅくしゅく》と少しでも強いオスを選ぶだけです。そしてカップルになると、生殖本能だけで交尾します。

翻《ひるがえ》って人間は、動物とは違います。決定的に違うのは、男女が**愛し合う喜びを知っている**ということです。人間のセックスにはふたつの目的があります。ひとつは生殖行為。もうひとつは、互いの愛を確認し、愛の絆《きずな》を深める、生きる楽しみや喜びとしての「愛の行為」です。そして重要なことは、動物の交尾の目的が百パーセント生殖行為なのに対して、人間のセックスの目的は、その9割以上が「愛の行為」だということです。

人間のセックスの本質が、愛の行為であることをちゃんと認識していない男性が、あまりにも多いという問題があるのですが、その話はひとまずここでは置いておきましょう。

ただひとつ、確実に言えることは、**3分足らずの挿入時間で、性的に本当に満足できる女性などほとんどいない**ということです。女性のカラダは3分足らずの挿入で満足するようにはつくられていないのです。

既存の早漏の定義に、致命的なまでに不足しているのは、「**セックスの満足度**」です。

ある女性誌が日本女性1000人を対象にしたアンケートで、女性が希望する挿入時間の平均値は「約15分」でした。アンケートの取り方にもよりますが、だいたい10分から20分の間に数字が落ち着くようです。一方、スクールを訪れる男性受講生に、アンケートを実施したところ、平均挿入時間は約5分でした。この数字が日本男性の標準値とは言いませんが、これまで多くの男性、または女性から聞き取り調査をしてきた私の実感として、おそらく日本男性の平均挿入時間は、5分から10分の間に収まるのではないかと思います。日本男性の平均挿入時間はきりよく約10分だと仮定しましょう。ちょっと奮発しすぎのような気もしますが、ここでは便宜上そうさせてください。

15分を希望する女性に対して、10分の男性。その差は5分です。わずか5分という見方もできます。

ではここでもうひとつ、データを出しましょう。イギリスのコンドームメーカー「デュレックス」社が2007年に世界各国男女5000人ずつ計1万人、26ヵ国総計26万人を対象にした調査項目のひとつに、各国の「セックス満足度」があります。日本人のセックス満足度は、どれくらいだと思いますか? なんと**26ヵ国中最下位**の、**たった15%**しかないのです。

先ほど、日本人のセックスの理想と現実のギャップは5分と書きました。挿入時間=セックスの満足度ではないにせよ、わずか5分の差に、85%の女性がNOを突きつけているとは、思いません。

問題は、「挿入時間は?」という漠然としたアンケート方法による数字のトリックです。

まずひとつは、挿入時間とは、極めて主観的で感覚的な時間だということ。タイムウオッチ片手にセックスをしている人などまずいません。これは私にも経験があることですが、実際の交接時間は20分でも、女性に「何分だったと思う?」と聞くと、30分、40分という答えが普通に返ってきます。高いレベルの交接では、体内時計が狂ってしまうのです。逆のケースもあります。快感よりも苦痛を伴うような下手な男性が相手だと、女性は内心「いい加減早く終わって」と思いながらセックスをしています。すると時間を長く感じて、実際は5分なのに、10分、20分も苦痛が続いていたような**錯覚**をするのです。

実際の時間と体感時間の誤差よりも大きな問題は、交接の内容の差です。たとえば、腰使いの強弱。たとえば体位の変化のタイミングや回数。持続時間に自信のない男性が、ほぼ例外なく行うのが、時間の引き延ばし作戦です。イカないように恐る恐る腰を動かしたり、イキそうになるたびに体位を変えたりすることなどがその代表例なのですが、騙《だま》し騙し時間を引き延ばしてやっとのことで20分以上挿入できたとしても、それを本当に20分とカウントしていいものでしょうか？　それでもがんばって20分持ちこたえることができる男性は、先のアンケート用紙には、意気揚々と「20分！」と記入するはずです。

しかし、数字はごまかせても、**女性の満足度まではごまかせません**。騙し騙し、恐る恐るの20分では、理想の挿入時間が15分の女性を満足させることはできないのです。肝心の交接の中身が女性の希望とはかけ離れているからです。

誰だって、自分が早漏だと認めたくはありません。それが男性心理です。

ですから、以前の私のように、どうがんばっても1分と持たない超早漏ならいざ知らず、多くの男性は、イカないようにイカないようにがんばって、「今日は10分も持った」「オレだって、がんばれば20分以上持続できるから、早漏ではない！」と、自分を励まし、プライドを保とうとしてきたはずです。

けれども先ほどから述べているように、持続時間と女性の満足度は、単純にイコールではないのです。時間で一喜一憂するのはもう終わりにしましょう。

ここに早漏の定義を発表します。心して聞いてください。

早漏とは何か？

「射精をコントロールできないすべての男性」

のことです。

早漏かそうでないかの違いは、何分以上持続できるかではなく、パートナーの女性の官能レベルや体調に合わせて、**自由自在に射精をコントロールできるか**どうかなのです。

たとえ、がんばれば20分持続できるという男性でも、セックスの最中に、ちらっとでも「イカないようにしなきゃ」と思っている限り早漏なのです。

どんなにがんばってもせいぜい3分がやっとだった超早漏の私と、がんばれば20分できる男性とでは確かに違います。しかし、がんばれば20分できる人は、「がんばれる部類の早漏の人」だということです。

スクールでは、このような、がんばれば少しは長持ちできる男性のことを、「類早漏」と呼んでいます。

「そんなことを言ったら、ほとんどの男性が早漏に入るのでは？」と思いませんでしたか？　その通りです。一般に「日本人の7割が早漏」などと言われていますが、実際は、遅漏を除けば日本人の99％は、早漏もしくは類早漏なのです。

さあ、早漏という「才能」に目覚めよう

ある高名な文学者が、世の中で一番難しいことは何？　と聞かれて「自分のことを知ること」と答えたそうです。

最初に私は、早漏のあなたに「おめでとう」の言葉を贈りました。それは、あなたが、生まれつきどれほど優秀な「感じる力」を持っているのかを、知って欲しかったからです。

今日まであなたは、挿入するとすぐに射精してしまうペニスを、「なんて情けないペニスなんだ」と思ってきたはずです。能力が低いから、すぐに射精してしまうと。

それは**大きな誤解**です。まったく逆なのです。能力が低いどころか、あなたのペニスは、感じる力＝性的感受性が、**東大生の学力なみに高い**のです。ペニスの感度があまりにも高すぎるため、管制塔である脳が、コントロールできていないのです。だから微弱な刺激にたち

どころに反応して、管制塔の指令が間に合わずに、**暴発**してしまっているのです。

人間とは一度悩みだすと、あれもこれもといろんなことが頭の中を駆け巡り、混乱が大きくなってしまうものです。そんな時、冷静になり、頭の中を整理して、もつれた糸を解《ほぐ》していくと、解決すべき問題はたったひとつだったということは、よくあること。

早漏の悩みも同じです。あなたはすでに、超高感度な受信機を持っているのです。後は、周波数や音量を調整するつまみを手に入れればいいだけなのですが、これまでの価値観を変えるためにも、まずは、あなたが、自分の優れた資質を認識する必要があります。

先に、感じる力、と言いましたが、感じる力の源になるのが、「性エネルギー」です。この言葉は、これから何度も出てくる重要なキーワードですが、ここでは名前を覚えるくらいの軽い気持ちで、読み進んでください。

一生モノのスキルを身につけよう

私がセックススクールの運営に乗り出した、当初の最大の目的は、巷に蔓延《まんえん》するジャンクセックスに泣いている女性たちの救済にありました。「一度もイッたことがない」「彼のオモチャにされているような悲しい気分にしかならない」「交接が痛くて我慢できない」「死ぬ前に一度でいいから、女性の喜びを知りたい」……。気持ちよくて当たり前のセックスで気持ちよくなれないという享楽的な意味としてだけではなく、愛すべき女性たちに「なぜ私は、女なんかに生まれてきたんだろう」とまで思いつめさせてしまう、まさに無法地帯と化したセックスの酷い現状を、私は、見て見ぬふりなどできなかったのです。

一般男性に、愛する女性とセックスをするために、最低限身につけて欲しい、**必須スキルは3つ**あります。ひとつめは、言うまでもなく「**愛情**」。ふたつめは、「**スローセックステクニックの習得**」。そして3つめが、「**早漏の克服**」です。

この3つのスキルを身につけて初めて、昔風に言えば、晴れて大人の仲間入りができる「**元服**」だと思うのです。30歳成人説とまで言われる今、形骸《けいがい》化している成人式などやめて、無免許運転をすると法律で罰せられるように、セックスも免許制度にすべきだと、冗談ではなく大真面目《おおまじめ》に思っています。

さて、成人男性の中で、先述した3つのスキルをすべて備えた人が、どれほどいるのでしょうか？

「イケメンにテクニシャンなし」とは、経験豊富な大人の女性たちの間では今や常識です。見た目のカッコイイ男性は、放っておいても女性が寄ってくるために、セックステクニックを磨く努力を怠ってしまうのです。ちなみに、イケメンの部分は、たびたび「デカチン」や

「金持ち」に変わります。テクニックを磨かず、それでいてオレ様的なセックスをする男性に、女性たちは「期待はずれ」の**烙印《らくいん》を押す**のです。

経験豊富な女性たちの間で意外にも「テクニシャン」と高評価なのは、外見的なコンプレックスを持っている男性です。彼らは、イケメンではないぶん、一生懸命にテクニックを磨く努力をします。

この心理に近いのが、早漏の男性です。自分がそうだったので、手に取るように気持ちがわかるのですが、早漏の男性は、挿入後の自分に自信がないぶん、その弱点を少しでもカバーしようと、これでもかと前戯に時間をかけるのです。

今、15分が一般男性の前戯のアベレージとされていますが、もしも早漏男性だけでアンケートを取れば、軽く30分は超えるのではないでしょうか? 動機が不純といわれようが、前戯が長いことは、スローセックス的にとてもいいことです。そして、長い前戯が当たり前になっているあなたは、きっと女性に対する愛情も合格点に達していることでしょう。

ほら、もうあなたは3つある必須スキルのふたつをほぼクリアできているのです。後は早漏を克服するだけです。

やはり、**交接は、セックスの最大の醍醐味《だいごみ》**です。たっぷりと前戯を楽しみ、女性のカラダに官能の炎が燃え盛っている状態で挿入して、「たった3分」では、あなた自身が虚しいだけではなく、愛する女性に、本当の女性の喜びを与えてあげることはできません。「早漏のオレなんか全然ダメ」と後ろ向きに考えるのではなく、「よし、課題は、あとひとつだ！」と、前向きに考えましょう。その**資格があなたにはある**のです。

早漏の克服なんか簡単ですよと、気休めは言いません。それなり以上の努力が必要です。私も苦労しました。しかし、ひとつ確実に約束できることがあります。それは、**早漏の克服は、人生で一度だけでいい**ということです。一度自転車に乗れるようになったら、しばらく自転車に乗っていなくても、カラダが乗り方を覚えているように、一度早漏が克服できたら、それはあなたにとって**一生モノのスキル**になるのです。

一生モノのスキルを手にして、自信と喜びに満ちた人生を満喫してください。

必要なのは持続力ではなく「コントロール力」

日本人の99％は（類）早漏と聞いて、ホッと胸をなでおろした方もいれば、「たった1分のおまえと一緒にするな」と憤りを覚えた方もいらっしゃると思います。ホッとしたあなた、**安心している場合じゃありません**。たった1分の私と一緒にされて腹を立てている方、こんなところでドングリの背比べをしている場合じゃありません。

今日あなたには、目指すべき新しい目標ができるのです。

それが、私が**「超漏」と名づけた能力を手に入れる**という目標です。

早漏に悩む男性が、なにはともあれまず考えることは、

「今よりも少しでも長持ちできるようになりたい」

ということです。その願いの切実さは、私もよくわかります。1分でも、いや1秒でもいいから長持ちしたい。超早漏時代の私も、まったく同じことを考えていました。

しかし繰り返しますが、早漏かそうでないかは、**単に挿入時間の長短ではありません**。長ければいいというものではありません。早漏の男性から見れば、遅漏がうらやましく思えるでしょう。しかしそこには重大な誤解があります。イキたくてもイケない遅漏の男性の苦しみは、本人でないとわからないものなのです。

必要なのは、「長持ち力」ではなく、射精の**「コントロール力」**なのです。

トレーニングによって養うべきスキルは、コントロール力ただそれひとつです。元々、優秀な性的感受性を持つあなたが、コントロール力を身につけたら、**無敵**になれるのです。今までとはセックスの価値観がガラリと変わります。

今のあなたには信じられないかもしれませんが、射精を自由自在に操れるようになってまず変わることは、射精にそれほどこだわらなくなることです。今までは射精にとらわれて見

類早漏
・余裕がない
・セックスに
集中できない
・交接を心から
楽しめない
・射精後に虚しさが
残る

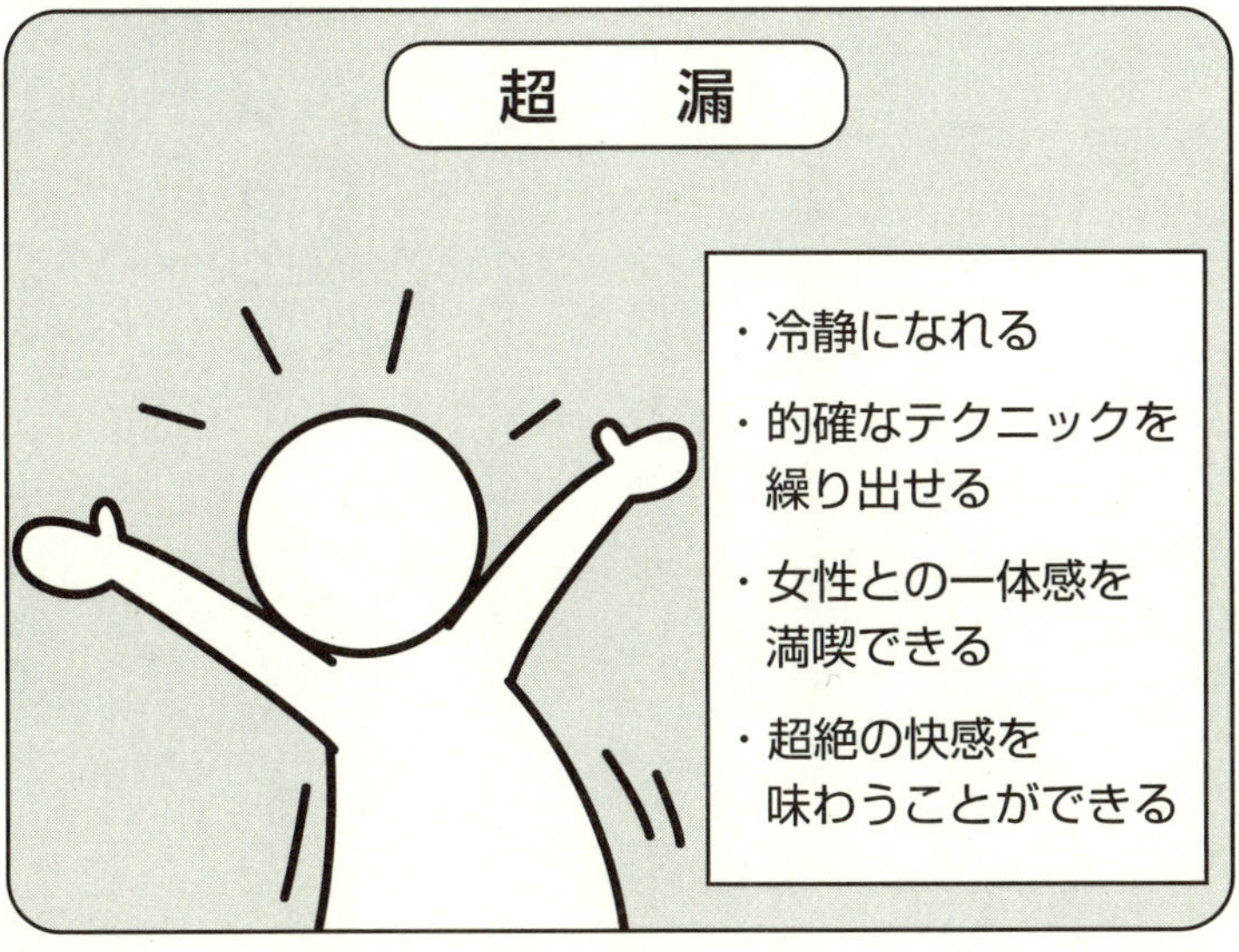
超　漏
・冷静になれる
・的確なテクニックを
繰り出せる
・女性との一体感を
満喫できる
・超絶の快感を
味わうことができる

えなかった、射精の向こう側にある本当の官能の世界を目にするのです。

その能力こそ、「超漏」です。

少し気が早いかもしれませんが、あなたが「超漏」になった後の話をしましょう。

類早漏の時は、セックスに自信がなく、**コンプレックスの塊**でした。それが超漏になると、セックスに対して一切悩みがなく、男性としての**絶対的な自信**を手にします。

類早漏の時は、余裕がないためにセックスに集中できず、女性を官能させる工夫も疎《おろそ》かでした。それが超漏になると、気持ちに余裕があるので、女性の反応を冷静に観察して的確なテクニックを繰り出せるようになります。

類早漏の時は、恐る恐る腰を動かさねばならないため、交接を**心から楽しむ**こともできず、射精後も**虚しさ**だけが残りました。それが超漏になると、何の不安もなくいろんな体位で女性と一体感を満喫し、大爆発と呼ぶにふさわしい**超絶の快感を味わう**ことができます。

まだまだありますが、続きは後にとっておきましょう。

超早漏時代、私は、自分の敏感すぎるペニスを恨んでいました。実際、ペニスの感度を鈍くしようと、亀頭をゴシゴシ乾布摩擦した話をしましたが、それはまったくの間違いでした。快感を楽しめないカラダになるのと引き換えに「長持ち力」を手にしたとしても、それでは**本当のセックスの醍醐味を味わうこと**などできないのです。たった1分が我慢できないほど、とびきり敏感だったからこそ、超漏という素晴らしい能力を手にし、**最高のセックスを味わえる幸せ**を今かみしめることができるのです。

もう一度言います。今のあなたに必要なスキルはコントロール力だけです。そして今のあなたに必要な教科書は本書一冊だけです。第二章から始まるトレーニングを指示通り行うだけで、誰でも超漏になれるのです。

人生を変えたキス

私が現在のスローセックスの礎となる性感帯開発の研究を始めたのは、34歳の頃でした。31歳で画家としての成功を夢見て渡米したものの、生活のためにしていたイラストの仕事だけでは食べていけず、ロサンゼルスでマッサージテクニシャンの資格を取得し、副業でマッサージの仕事を始めました。

セレブなアメリカ人女性たちにマッサージを施すうち、――もちろん最初の頃は性的なマッサージではありませんでしたが、それでもマッサージとオーガズムマッサージは密接にリンクしているため、普通のマッサージでも**官能を示す女性が少なくなかった**のです――女性のカラダには計り知れない深い性感帯があることに気づいた私は、本格的にオーガズムマッサージの研究を始めました。

私のマッサージは好評を博しました。正直に告白すれば、セレブな淑女たちから誘惑されたことも一度や二度ではありませんでした。もちろん、一線は踏み越えていません。これは自慢してもいいと思うのですが、24歳で初体験してから、帰国する37歳まで、私はずっと妻ひと筋できたのです。そしてこれは自慢にはなりませんが、この13年間、**妻とのセックスでは、ずーっと「たった1分」だった**のです。

超早漏の日本男性のオーガズムマッサージが、アメリカの富裕層で人気を博していたというのも今考えれば珍妙な話ですが、超早漏というコンプレックスが、テクニックの追究に駆り立てたのかもしれません。テクニックの研究と精練に励み、不貞ではないとはいえ、妻以外の、それもアメリカ人女性たちのまさに自由の国と呼ぶにふさわしい奔放な官能美に触れる毎日を過ごす一方で、私は早漏の改善には、ずっとノータッチのままでした。あきらめていたのです。体質だ。何を試しても無駄だ。仕方ない、と。一方、コンプレックスの裏返しだろうと何だろうと、女性の性感帯開発には、並々ならぬ熱情が溢《あふ》れてきました。本格的にセックスの研究をしたい！　それも日本人女性を対象にして。

帰国後私は、結婚して初めて妻に頭を下げました。

「本気でセックスの研究がしたいんだ。浮気を認めてくれないか」

おおかたの人は、奇特な男だと思われるでしょう。しかし、私の妻は、私の上を行きました。一度言い出したら聞かない私の性格を知ってのうえとはいえ、拍子抜けするくらい、あっさりと浮気を認めてくれたのです。しかも黙認ではなく、協力的ですらありました。「女性を探しにスナックに行ってくる」と言うと、「がんばって、いい相手を見つけてね」と、そっと私にお金を握らせてくれたり、時には、「知り合いに、素敵な未亡人がいるんだけど一度会ってみる？」と、率先して相手探しをしてくれることまでありました。

妻自慢はこのくらいにして、早漏の話です。こうして妻公認で、後に「1000人以上の女性」と頭につくフィールドワークがスタートするのですが、当初は女性を替えても持続力には、何の変化もありませんでした。自分のペースでできる正常位ではなんとか誤魔化しがきいても、女性に上に乗られてしまうと……。

「あ、ちょ、ちょっと待って、ああ、もうダメッ」

いつも、こんな感じでした。本当にみじめでした。

よく、「年を取れば自然に早漏は治る」などと言われますが、**大ウソ**です。もちろん、中にはそういう幸運に恵まれる男性もいるのかもしれませんが、早漏は加齢で解決する問題ではありません。**トレーニングなしでは早漏は克服できない**のです。

一念発起して、「間違いだらけの早漏克服法」をあれこれ試してみたのもちょうどこの頃です。結果は先述した通り、玉砕に次ぐ玉砕です。あ、今思い出したのですが、外科医に縫い目の切断を諭された後、それでも私はあきらめきれず、「切るのはダメでも、スジが伸びればいいのでは?」と、必死で縫い目を引っ張って伸ばそうとしたことがあります。くれぐれもおやめください。猛烈に痛いだけで、縫い目は**1ミリも伸びません**。

さて、そんな折、いきなり人生のターニングポイントが訪れました。相手は不倫相手の女性だったのですが、ある日のこと、彼女とのセックスで、私は**生まれて初めて長持ちを経験した**のです。

10分やってもイカない。15分たっても大丈夫。あれっ何だ? いつもなら挿入した途端に下腹部に「熱い何か」がこみ上げてきて我慢できなくなるのに、その日だけは**「熱い何か」が襲ってこない**のです。ならばと少し調子に乗って、激しくピストン運動しても、まったく大丈夫でした。

断っておきますが、その彼女に女性的魅力が欠けているわけでも、セックスが淡白なものだったわけでもありません。まったくその逆です。30代半ばの彼女は、肉体も、性的好奇心も、積極性も、まさに女盛りと呼ぶにふさわしい魅力に満ち溢れていました。過去に私が味わったことのないほど、**濃厚で情熱的で淫靡《いんび》な時間**だったのです。

私は最初、何かのきっかけで自分の体質が変わったのかと思いました。これまでいろいろと試してきた早漏克服法が、実を結んだのではないかと。もう妻と試してみたくてたまらなくなり、早速その晩、妻とセックスしました。

その結果は……、やはりたった1分のまま……。

何も変わっていませんでした。再び私は、彼女とセックスしました。すると先夜と同じように、また長持ちするではありませんか！

いったい、何が違うんだ⁉

私は必死で考えました。妻と彼女の違いは何か？　そして、ある決定的な違いに気づくのです。それは、**「キスの時間」**でした。実は私の妻は、キス、とくにディープキスが苦手で、夫婦のセックスでは、ほとんどキスがありません。一方で、浮気相手の女性はキスが大好きで、いつまでも**濃厚に情熱的に舌を絡ませてくる**のです。その違いに気づいた瞬間、私はいつも自分を悩ませていた、あの「熱い何か」の正体がわかったような気がしたのです。

「熱い何か」の正体は、「気」ではないか？

マッサージの技術を学ぶために、鍼灸《しんきゅう》やヨガを勉強していた私は、「気」の存在を知っていました。偶然といえば偶然ですが、その知識が、早漏の悩みとピタリとシンクロしたのです。

私は、検証してみる価値のある、ある仮説にたどり着きます。

「射精とは、気のスパークである」

それからはめまぐるしく、思考が回転し始めました。

「熱い何かの正体は気であり、局部に気が集中することで、気のスパークが起きる」

「濃厚なキスによって、気が相互の体内を循環し、局部に溜《た》まっていた気が、分散されることで、気のスパークが発生しにくくなったのではないか？」

「意識的に、**気を分散させることができれば、早漏は克服できる**はず！」

この日から私は、まったく独自のトレーニングを重ねていくわけですが、結果から先に申し上げれば、私の立てた仮説は、間違っていませんでした。そして、気の存在に気がついたことで、最初はただただ長持ちしたいと願っていたにすぎない私が、射精だけではなく気を自由自在にコントロールできる「**超漏**」を手にすることができたのです。

早漏克服がきっかけで気の存在に着目した偶然は、その後、

「セックスは気の交流である」

というセックスの本質へと昇華されます。

私の他の著書をお読みになった方にはお馴染《なじ》みの、「性エネルギー」という**まったく新しい概念**をセックスに取り入れたのが、スローセックスなのです。一般の方々が、ふだんまったく気にもとめていない性エネルギーを意識し、それを増幅させ、自在にコントロールする

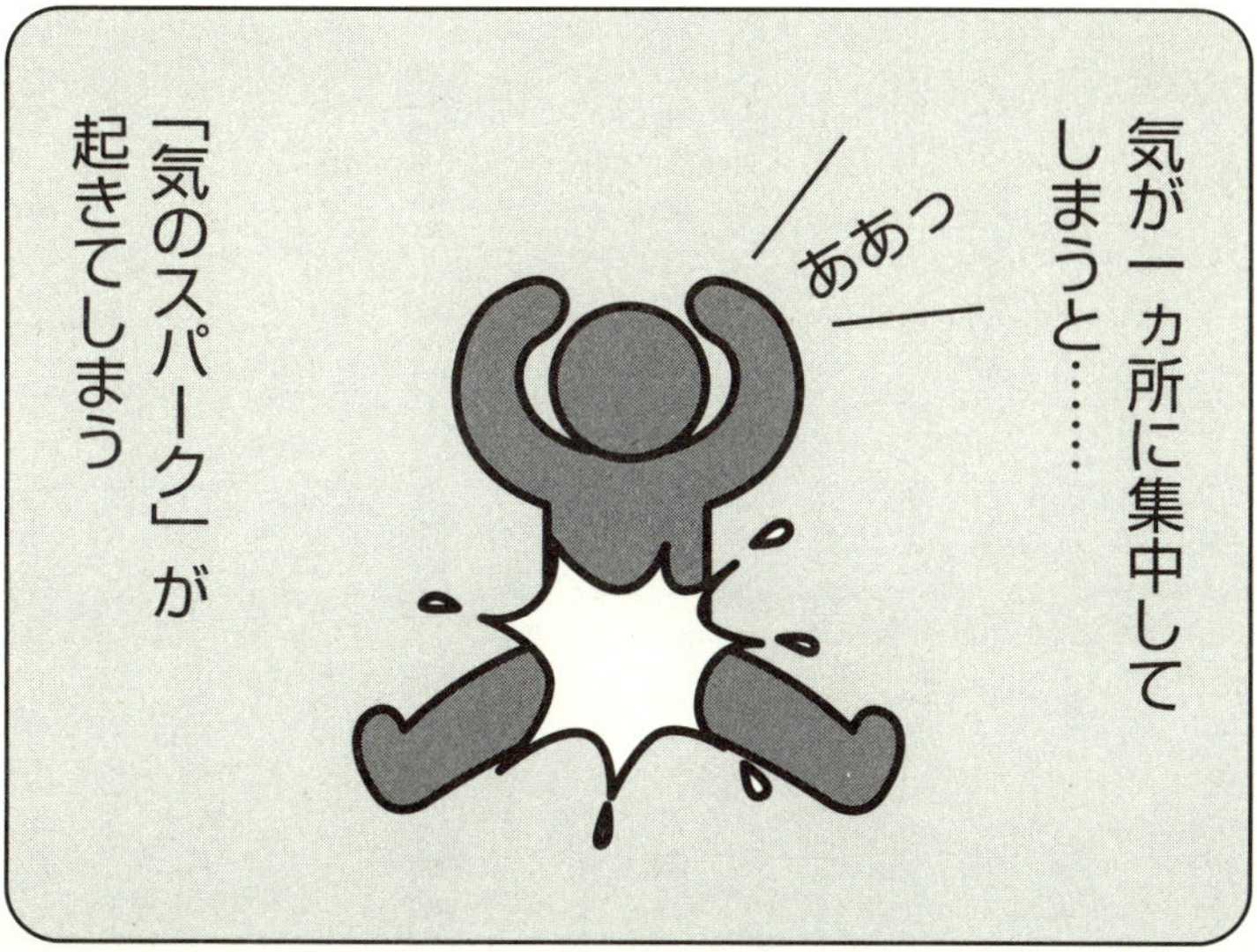
気が一ヵ所に集中してしまうと……
ああっ
「気のスパーク」が起きてしまう

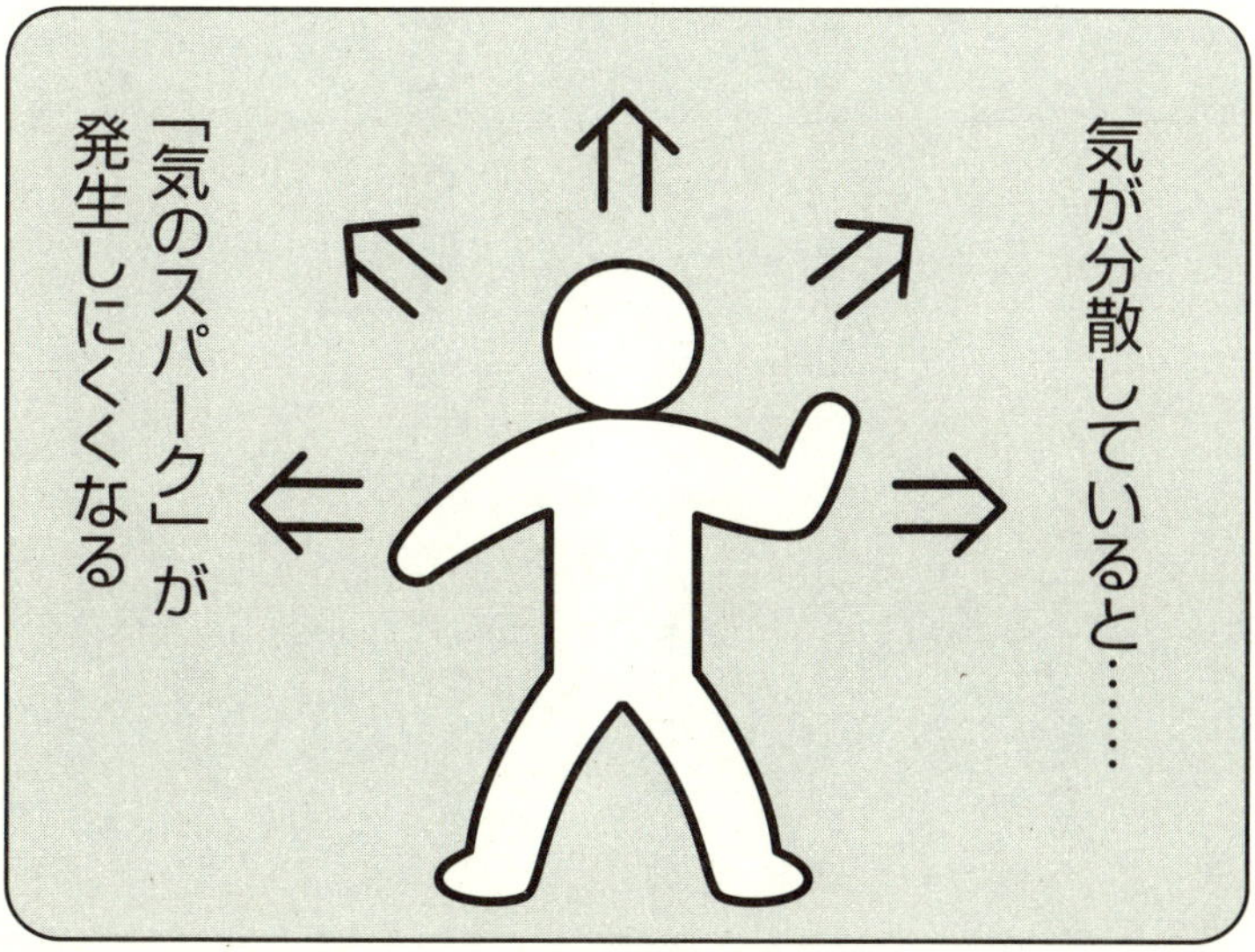
気が分散していると……
「気のスパーク」が発生しにくくなる

ことで、セックスはドラスティックな変化をみせます。

どうも話がいきなり難しくなってしまいましたね。ちょっとスローダウンしましょう。

今の段階では、目には見えない「気」が、早漏にさせる犯人のひとりだと、覚えておいていただくだけで結構です。

誰でも「たった3分」を「2時間以上」に変えられる

第二章からいよいよ早漏克服のための具体的なトレーニング方法を開陳していきます。ご紹介するのは、男性なら誰もが日々の習慣としてやっている**マスターベーションの時にできるトレーニング**です。

これからトレーニングを始めようとしているあなたに、私がもう一度しっかりと念を押しておきたいことがあります。

早漏は**必ず克服**できます！

早漏は病気ではありません。「治す」ものではなく、トレーニングによって「克服」するものなのです。

もしもまだ、従来の「もうこの病気は治らない」とか「体質だから変えられない」といったイメージをお持ちでしたら、そんな**間違ったイメージ**はこの場で頭の中から消し去ってください。悪いイメージはトレーニングの邪魔でしかありません。

正しいトレーニングをすれば、必ず誰でも、**「たった3分」を「2時間以上」に変えることができます。**これが真実です。

これから私が伝授するのは、射精を抑える方法です。方法に関しては、あなたが初めて聞く話が多いと思いますが、実際のトレーニングの基本にあるのはとてもシンプルな考え方です。それは、**「マスターベーションの時間を長くしていく」**ということです。

実は、早漏の男性は、セックスだけでなく、マスターベーションも短時間で終わらせているケースがとても多いのです。射精に耐えるのではなく、ゆったりと快感を楽しむことを目的とした、いわば**「スローマスターベーション」**を日頃から心がけることが、早漏克服のファーストステップです。

あなたが日頃、マスターベーションを3分で済ませているなら、3分を5分にする、5分になったら10分にする、10分が15分、15分が30分……、というように、マスターベーションが長く楽しめるようになれば、おのずと早漏は克服できます。

3分を5分にするのは比較的簡単です。それくらいのことなら今日から取りかかれるはずです。でもあなたは今、こう思っていませんか？

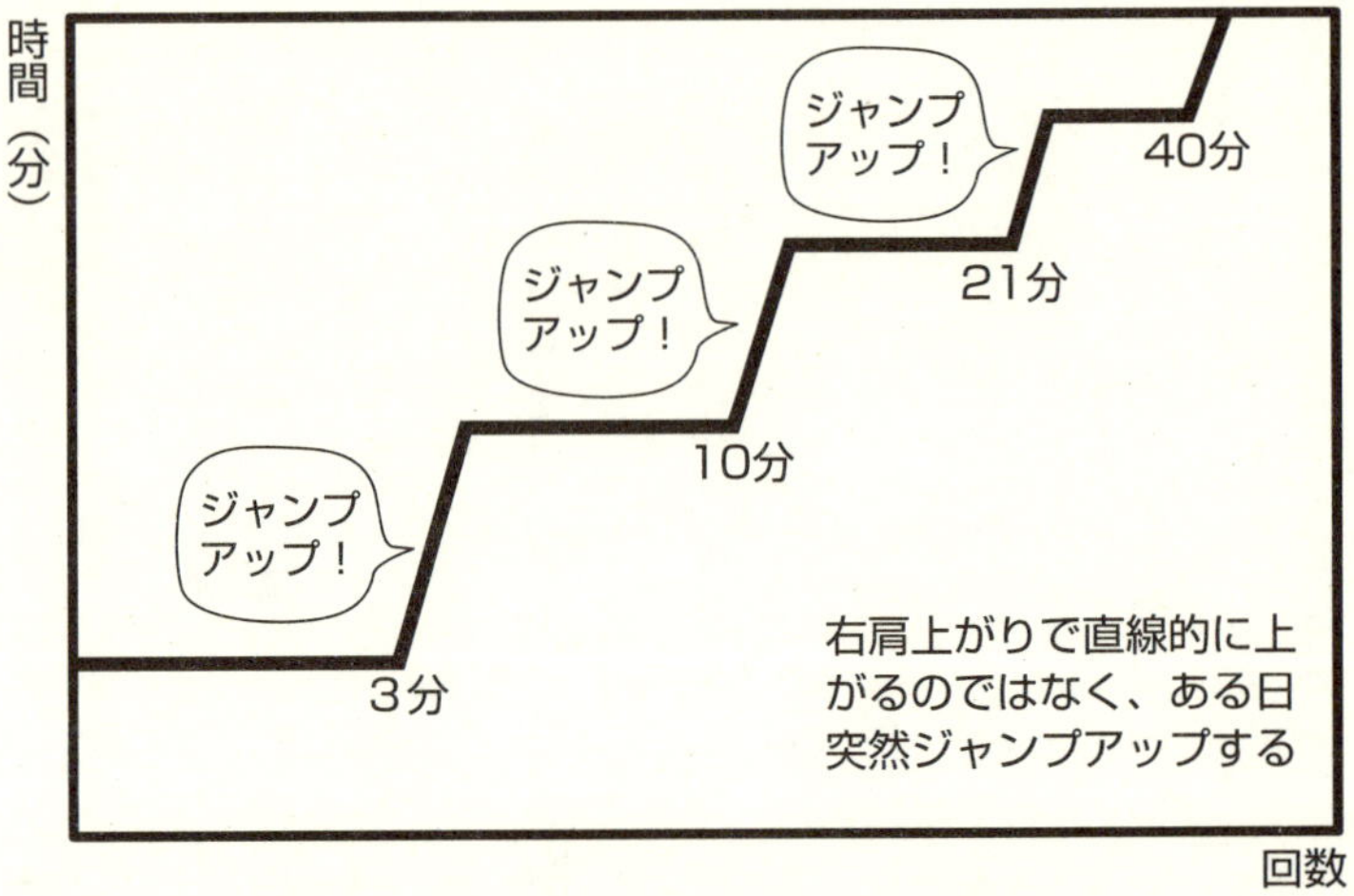

射精までの時間が延びていくイメージ

「3分を5分にするのは簡単かもしれないけど、5分を30分にするのは、かなりキツいんじゃないの？」と。

おっしゃる通りです。どこかで**時間の壁にぶつかる**はずです。10分が壁の人もいれば、15分が壁の人もいるでしょう。その壁に負けたらダメなのです。壁にぶつかった時、「ああ、オレの限界はここまでか」と**あきらめてしまったら、終わり**です。

そんなことにならないように、早漏克服の過程をイメージモデルでお伝えしておきます。

射精までの時間は、トレーニングの時間に比例して、右肩上がりで直線的に延びていくのではありません。

つまり、3分、4分、5分、6分……と射

精時間が延びるのではなく、３分、３分、３分、７分（！）、10分、10分、10分、20分（！）、21分、21分、21分、40分（！）……という感じで、**ある日突然**、ポーン、ポーンと、**ジャンプアップしていく**のです。このイメージを頭に入れておいてください。

人によっては、５分の壁がなかなか越えられず、５分が10日間続くかもしれません。そこで決して**あきらめてはいけない**ということです。11日めに一気に5分が30分になるかもしれないのです。もちろん、11日めとは限りませんが、地道に毎日コツコツとトレーニングを重ねていけば、必ずポーンとアップする日が来ます。

快感に**耐える**のではなく、快感を**楽しむ**こと。そして楽しむ時間を増やしていくこと。それが早漏克服の基本メソッドです。

スローマスターベーションを日々の楽しみとして、トレーニングを続けてください。

第1章　まとめ

・早漏を克服する目的は、セックスを楽しむこと
・早漏は、男性に計り知れない大きさのダメージを与える
・早漏は、得難い才能。射精をコントロールできれば、「本当の官能の世界」を手にすることができる
・早漏とは、「射精をコントロールできないすべての男性」のこと
・射精とは、「気のスパーク」である
・超漏は、一生モノのスキルになる。しかも、人生で一度だけでいい

第2章

射精を自在にコントロールする技術

射精のメカニズム

いよいよ本章では、早漏を克服し、射精をコントロールするためのトレーニング法をレクチャーしていきます。が、その前に、射精のメカニズムについて説明します。敵を知らなければ勝負には勝てません。射精は男性の敵ではありませんが、超漏を手にして射精を味方につけるまでは、敵ということにしておきましょう。そのほうが、初級段階ではトレーニングの目的意識が明確になります。

早漏を克服しようと懸命だった頃、私はずっと疑問に思っていたことがあります。ある時、男性誌で「早漏防止クリーム」なるものを見つけた私は、すぐさま購入しました。亀頭に塗りこむと、確かに亀頭の感覚がマヒして、ペニスが鈍感になります。よし、これなら大丈夫と、期待を込めて妻とのセックスに臨んだのですが、それでも「**2分がやっと**」だったのです。

「皮膚が鈍感になったのに、なぜそれでも射精してしまうのか?」

もうひとつ、こんな経験はありませんか? ペニスを挿入しただけで、まだピストン運動もしていないのに、「あー、ダメだ、もうイッてしまう〜」という経験です。私はしょっちゅうでした。一度こうなると、**ペニスを抜かない限り、射精**してしまいます。

「ペニスに物理的刺激を与えていないのに、なぜ射精してしまうのか?」

私は、このふたつの疑問をずっと抱え込んでいました。そんなある日、先述したキス事件をきっかけにたどり着いた結論が、

「射精とは、気のスパークである」

という真理なのです。人間は誰もが目には見えませんが、「気」を発しています。気にはさまざまな種類があり、性的興奮によって発生する気のことを、私は性エネルギーと呼んでいます。

はい。ここでちょっとブレイクしましょう。唐突に、「気」だとか、「性エネルギー」だとか言われても、面食らってしまいますよね。今、あなたはきっとこう思っているはずです。「早漏が克服できると思って、本を買ったのに、なんで気の説明をされなきゃならないんだ?」と。

あなたも含め、ほとんどの日本人は、「気」という言葉くらいは聞いたことがあっても、日常生活で気の存在を意識したり、気に興味を持っている人は少ないと思います。むしろ、「あやしい」「うさんくさい」といった**ネガティブなイメージ**のほうが強いでしょう。

かくいう私も以前は、気の存在など気にもとめていませんでした。ただ、先のふたつの疑

問と格闘する中で、射精やセックスには、既存の医学や性科学では説明できない「何か」が作用しているのではないか？　という思いもひしひしと感じていたのです。スキン（皮膚）の摩擦とは別に、下腹部にこみ上げてくる「熱い何か」の正体は何なのか？　私の頭に「気の存在」という言葉がひらめいたのが、件《くだん》のキス事件です。もちろん、その時はまだ頭に浮かんだだけで、信じてなどいません。あくまでも仮説の段階です。けれども、射精の原因が「気」だと仮定して考えると、今まで私が不思議に思っていたことが、何もかも説明がつくのです。

スキンが鈍感になったのに射精するのも、ピストン運動もしていないのに射精するのも、カラダに溜《た》まった気が行き場を失って暴発しているからと考えれば、道理が合います。

他にも男性ならこんな経験をしたことがあると思います。ただすっきりしたくて、アダルトＤＶＤを観ながら1分くらいで射精した時と、「今日は時間があるから、ゆっくりやるか」と、リラックスして20分間くらいかけてマスターベーションをした時では、明らかに**射精の勢い**が違いますよね。また、女性には失礼なたとえになりますが、同じ女性でも、初めてセックスした時と、何回かセックスを重ねた後では、**射精のパワーが違ってきます**。

こうした射精の勢いやパワーの違いも、「射精するまでに溜まっていた性エネルギーの総量の差で変化する」と仮定すれば、簡単に説明がつくのです。

無理に信じる必要はありません。大切なのは、あなたが早漏を克服することです。「そこまで言うなら、アダム徳永の仮説を検証してやろうか？」と、考えてください。私が、気の存在を実感したのも入り口はそこからでした。

「射精の原因が気なら、気をコントロールできれば早漏は克服できる」という仮説のもと、独自に気功やヨガの勉強をして、試行錯誤を繰り返し、早漏を克服して初めて気の存在を実感することができたのです。

早漏になるのは、スキンが敏感だからではなく、**気に敏感**だからなのです。

気は存在します。**男性はプラスの性エネルギー**を、**女性はマイナスの性エネルギー**を持っています。挿入しただけで射精してしまうのは、あなたのプラスの性エネルギーが、女性のマイナスの性エネルギーと接触することで、**スパークする**からです。性エネルギーがスパークすると、脳にその情報が伝達されて、射精のスイッチが入り、射精するのです。

これが、**今まで誰も気がつかなかった**、射精のメカニズムです。

さて、今、「射精のスイッチ」という話をしましたが、脳にある射精のスイッチを押すのは、性エネルギーのスパークだけではありません。もうひとつ、フィジカルな要因がありま す。

男性のマスターベーションの仕方は、利き手でペニスの竿《さお》を握って、ペニス全体を上下にしごくというやり方が一般的です。亀頭の先端は、俗に「縫い目」と呼ばれる亀頭の裏側にあるスジで竿の部分とつながっています。そのため、ペニスを上下にピストン運動させると、竿の皮が上下に動くことに連動して、亀頭の先端もリズミカルに振動します。この振動が問題なのです。実は、亀頭の先端に与えられたリズミカルな刺激は脳に伝達され、ある一定回数がカウントされると、脳が勝手に射精のスイッチを押してしまうのです。

このメカニズムも、頭に入れておいてください。

鍛えるべきはペニスではなく「脳」

セックスで快感を覚えることを、「感じる」と言いますが、感じるのはどこですか？　簡単ですね。**感じるのは脳**です。しかし、テストなら簡単に正解が出せる問題も、脳の中身は見えませんから、つい感覚的に「皮膚が感じている」という錯覚をしてしまいがちです。

この錯覚は、早漏がなかなか克服できない要因でもあります。私もこれでさんざん、失敗した口です。早漏なのはペニスが弱いからだ。ペニスを鍛えて強くすれば、快感に耐えられるはず。そう考えてしまったのです。ペニスを乾いた雑巾で皮がむけるほどゴシゴシ擦《こす》ったり、亀頭がリズミカルな振動をしないようにと、縫い目を力いっぱい引っ張って伸ばそうとしたり、本当にペニスには悪いことをしました。

しかし、感じているのはペニスではなく脳なのです。

後ほど、「ペニス強化トレーニング法」をご紹介します。ペニス強化という名前がついていますが、刺激に強いペニスをつくることではありません。拳《こぶし》を鍛えるために瓦《かわら》やレンガを割る空手家の修行や、野球選手が何回もバットの素振りをやって手のひらの皮が厚くなるとかといった、フィジカルなトレーニングと同じような意識を持たれているとしたら、その考えは今すぐ捨ててください。どんなことをしても、**ペニスの皮は厚くなどなりません。**

物理的な刺激に対して強くなるのではなく、快感という感受性に耐えられる脳神経をつくり、**長持ち力をアップさせる**ことが、ペニス強化トレーニングの最大の目的なのです。

私が推奨するペニス愛撫《あいぶ》法には大きくふたつの特徴があります。1点めは、「**亀頭がメイン**」、2点めは、「**ソフトな愛撫**」です。ペニスの中でもっとも敏感な亀頭をメインにマッサージすることで、快感を存分に享受しつつも、射精に突き進まないのです。一言で言えば「快感を長く楽しむ」ということです。

早漏克服のトレーニングは、その道程にいくつか乗り越えなければならない壁がありますが、決して修行僧の苦行のようなものではありません。常に快感が隣にいてくれる、気持ちいいトレーニングなのです。

そして、ここがとても大切なのですが、「快感を長く楽しむ」ことで、**「快感に耐えられる脳」**が形成されていくのです。

鍛えるべきは、ペニスではなく脳である。トレーニングを始める前に、このことをしっかりと頭に叩《たた》き込んでおいてください。

まずは「長持ち力」を手に入れよう

敵を知り己を知ること。それが、兵法の定石です。射精のメカニズムを知り、まずあなたは敵の正体がわかりました。今度は、己を知る番です。

射精に至る過程には、快感を楽しむ**「快感ゾーン」**があります。今、あなたは快感ゾーンを走っているとしましょう。次第に興奮が高まり、次に見えてくるのは、**射精ライン**です。射精ラインの向こう側にあるのは、射精ゾーンです。射精ラインを踏み越えて、一歩でも射精ゾーンに入ってしまったら、もう**誰も引き返せません**。それは、射精を自在にコントロールできる超漏を手に入れた私でも同じです。いったん射精ラインに突入したら、ベルトコンベヤーで運ばれるように、フィニッシュと書かれたゴールテープに**運ばれてしまう**のです。

つまり、射精をコントロールできるのは、快感ゾーンでの話なのです。

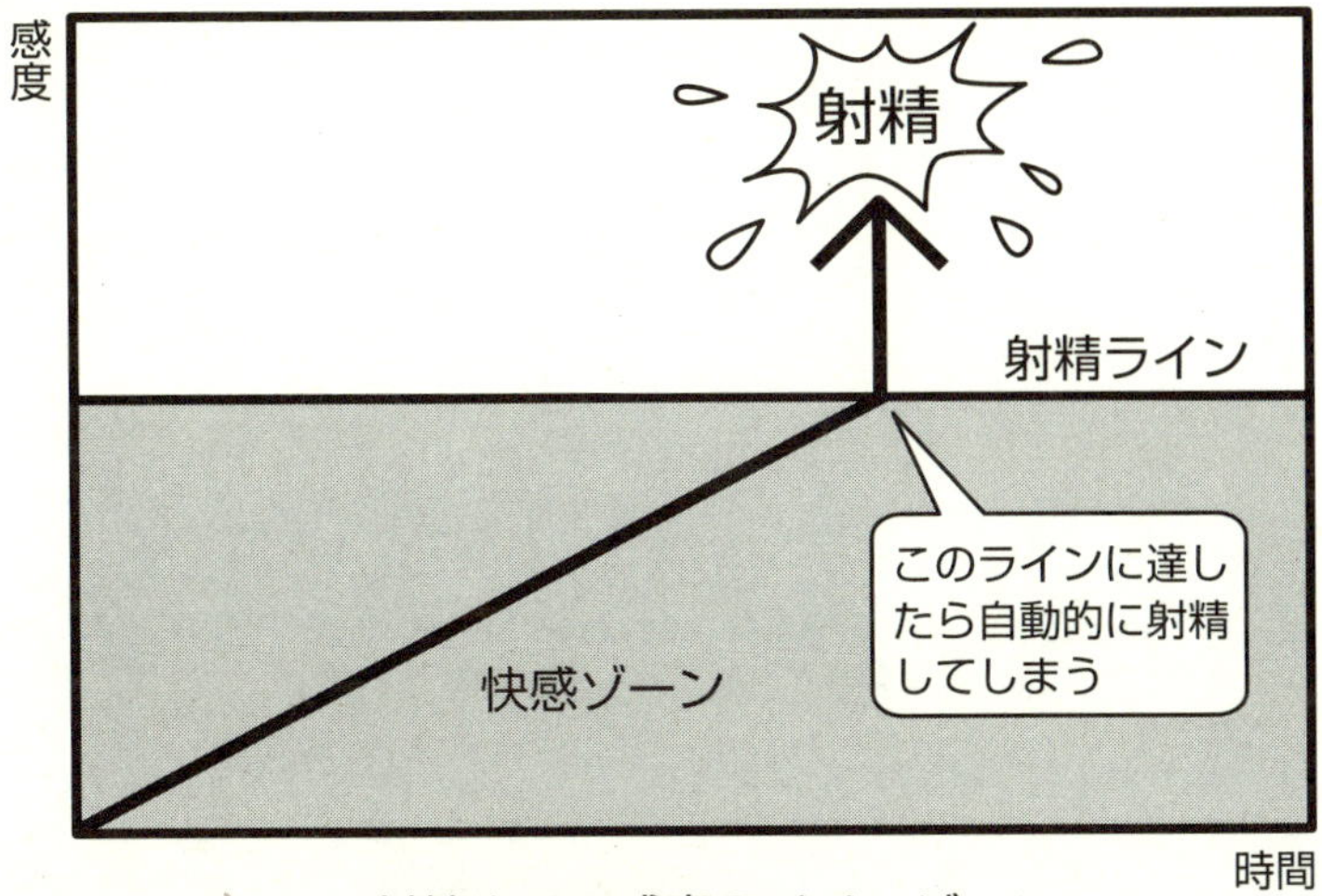

射精までの感度のイメージ

この話を踏まえて言うと、早漏とは、**快感ゾーンが短い人**のことです。ちょっと快感ゾーンを走ったら、すぐに射精ラインに来てしまう、ということですね。まだまだ体力は十分残っていて、もっともっと感じていたいのに、ちょっと走っただけで快感ゾーンが終わってしまう。これではセックスを存分に楽しむことはできません。

あなたの最終的な目的は射精のコントロールですが、コントロールの前に必要なことは、今の短い快感ゾーンを、長くすることです。そこでまずは、コントロール力の前に、「長持ち力」をアップしていただきます。

長持ち力をアップさせるにはどうすればよいか？　それが「脳を鍛える」ということです。ちょっと快感や興奮を覚えたくらいでは、射精ゾーンに突入しない、**快感に耐えられる脳**をこれからつくっていただきます。

脳を鍛えるメソッド自体は、とても単純です。マスターベーションをしている途中で、イキそうになったら、パッとペニスから手を離す、俗に言う「寸止め」を、繰り返し行うことで、脳は鍛えられます。

と、当たり前のように書いていますが、このメソッドも初めは仮説からスタートしました。「寸止めを繰り返せば、脳が鍛えられるはず」という、仮説のもと、検証を兼ねたトレーニングに入るのですが、肝心の検証がなかなかできないのです。

私の苦労話は、きっとお役に立つと思いますので、正直に書きます。

まず私は、「最低でも15分間はマスターベーションを続ける」と目標を立てました。しかし、いざ始めてみると、「最低でも15分以上」というハードルを**なかなか越えることができませんでした**。マスターベーションをしていて気持ちよくなってくると、トレーニングのことよりも、「ダメだ、もう、イキたい」という気持ちが勝ってしまい、射精欲に負けてしまっていたからです。時間にして5分程度。寸止め回数も、2~3回くらいしかできません。バッティングでも、2~3回バットを振ったくらいでやめていては、筋力もスキルもアップしないように、快感に強い脳をつくるためには、目標タイムがクリアできるまで、10回でも20回でも寸止めを繰り返し行わなければならないのです。

しかし、恥の上塗りになりますが、これが、最初の頃はとても辛《つら》いのです。それでも、トレーニングを続けているうち、なんとなくコツがつかめるようになってきました。具体的には、「これ以上続けたら、射精が我慢できなくなるポイント」が、なんとなくわかるようになってきたのです。そのポイントこそ、先述した射精ラインです。この時、私は初めてわかったのです。

「私には、今まで、**射精ラインが見えていなかった**のだ」

ということが。

本項の冒頭で、射精に至る過程には、快感ゾーン、射精ライン、射精ゾーンがあると書きました。これは今だからわかることです。それまでは、「気持ちいいから我慢できなくなった」程度にしか思っていませんからね。おそらく、早漏に悩む男性はみなさん、以前の私と似たり寄ったりだと思います。

つまり、射精ラインの存在に、**気がついていない**のです。気がついていないから、射精ラインがあっても見えない。そこに引かれているはずの線が消えているようなものです。だから、自分でも知らない間に、射精ラインを踏み越えてしまい、二度と引き返せない射精ゾーンに突入した後で、「あー、もう我慢できない」となるのです。

大切な部分なので、繰り返しますが、いったん射精ラインを踏み超えたら、あなたに限らず、今の私も、歴戦のＡＶ男優だって、**誰も引き返せない**のです。我慢できなくて当然なのです。

私が、トレーニング開始の頃、たった2〜3回しか寸止めができなかったのは、もちろん快感に強い脳がまだ形成されていなかったせいもありますが、それよりも、「射精ラインが見えていなかったため、知らないうちに射精ゾーンに突入していた」ことのほうが大きいのです。

ギリギリで手を止めなければいけないのに、自分の限界を知らないばかりに、ギリギリのつもりが、ギリギリ以上になっていたから、「あー、もうダメ」だったのです。

寸止めトレーニングの初期段階での最大のポイントは、「どこでパッと手を離せば間に合うか？」、その**タイミングをつかむ**ことです。そのコツがつかめるようになると、今まで認識できていなかった射精ラインが、イメージできるようになってきます。そうなればしめたものです。何度も繰り返し寸止めをしても、それほど苦ではなくなってきます。自然と長くトレーニングを続けることができるようになります。それは同時に、**「長持ち力」が強化されている**ことを意味するのです。

私からあなたに、勇気が湧《わ》いてくる事実をお教えしましょう。「射精ライン」は、寸止めトレーニングを繰り返すたびに、より**はっきりと見える**ようになります。トレーニングの効

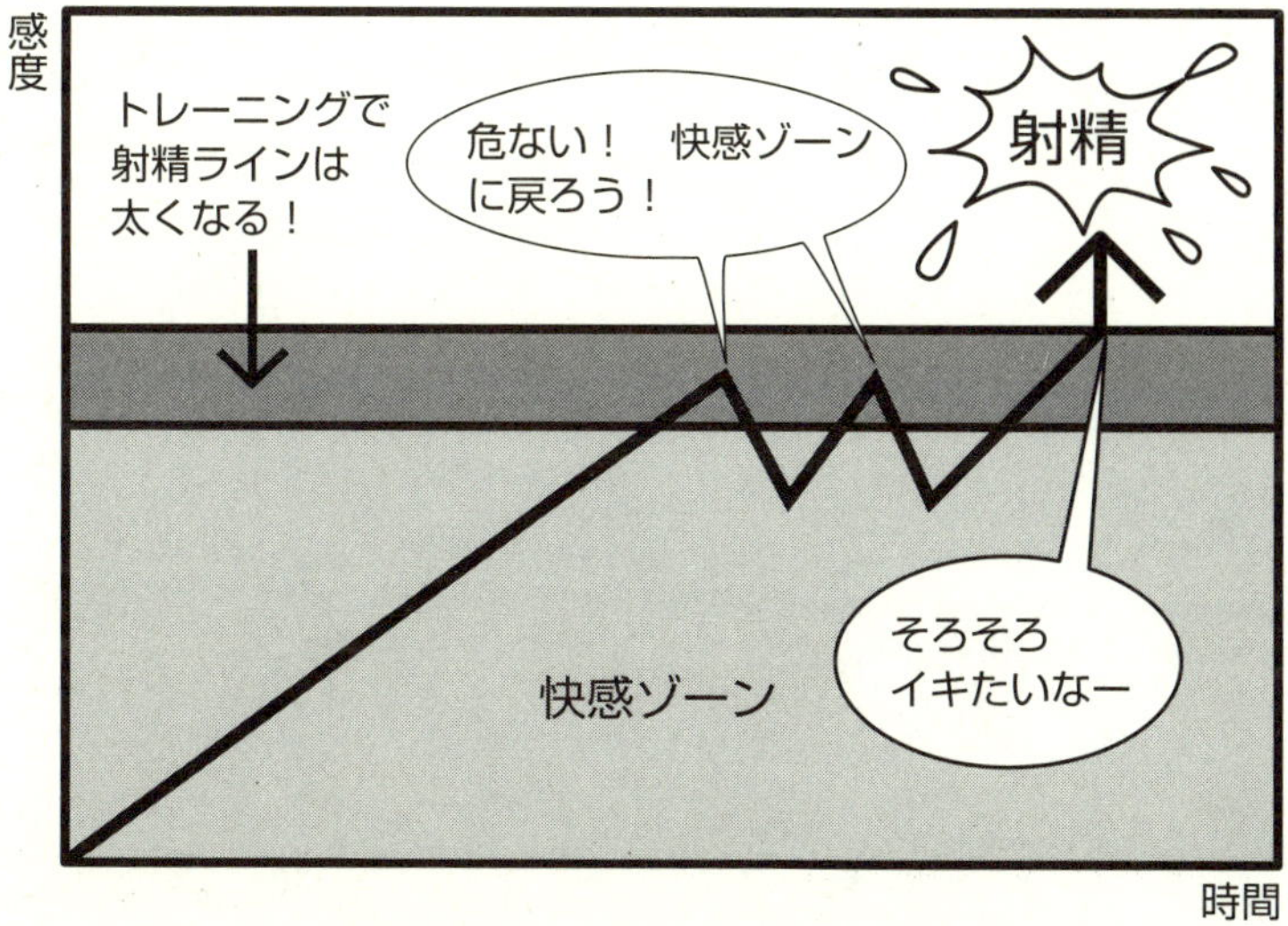
感度
トレーニングで射精ラインは太くなる！
危ない！　快感ゾーンに戻ろう！
射精
快感ゾーン
そろそろイキたいなー
時間

射精をコントロールするイメージ

果は、それだけではありません。続けていると、ラインの幅が広くなってくるのです。つまりどういうことか？　ラインが細い時は、ちょっと片足がラインに乗っかっただけでも、ラインを踏み越えて射精ゾーンに突入してしまっていました。しかし、ラインの幅が広くなると、片足が入った程度なら、**快感ゾーンに引き返すことが可能**になるのです。これは、射精のコントロールという観点からも、目覚ましい進歩です。

　最初の頃は、何度も何度も射精の誘惑に負けて、失敗してしまうことでしょう。大丈夫です。私もそうでした。肝心なのは、1回や2回、いえ10回や20回の失敗くらいでくじけないことです。挫折しないことです。何度も失敗を繰り返すことで、いえ、何度も何度も失敗を繰り返さなければ、射精ラインは見えてこないのです。

勃起と自律神経との密接な関係

早漏克服のためには、勃起《ぼつき》と射精についての、性科学的な基礎知識を学んでおく必要があります。ここでお話しするのは、勃起と射精に密接に関わる「自律神経」のメカニズムについてです。ちょっと難しいかもしれませんが、なるべく手短に済ませたいと思いますので、がんばってついてきてください。

まず神経は、意識して動く随意神経と、意識しないでも勝手に動いている不随意神経のふたつに分かれます。不随意神経とは、心臓とか胃や腸、発汗作用などを司《つかさど》る神経です。

これから説明する自律神経は、不随意神経に属します。自律神経は2種類あります。「交感神経」と「副交感神経」です。交感神経は、緊張や興奮している時に働く神経で、副交感神経は、リラックスしている時に働く神経です。

授業は始まったばかりですが、ここで小テストをしてみましょう。

・Q1　勃起中は、交感神経と副交感神経のどちらが優位に働いていると思いますか？

ペニスは硬く緊張しているから、交感神経だと思われた人が多いと思いますが、答えは副交感神経です。いきなり引っかけ問題ですみません。極端な話、暴漢にナイフで脅されている時に、ペニスは勃起しませんよね。自分に襲いかかろうとしている暴漢に対して極度に緊張している状況では、交感神経の働きが優位に立ち、ペニスは萎《な》えるのです。つまり、副交感神経が働いて、リラックスしている時でないと、ペニスは勃起しないのです。

2問めは、射精と自律神経の関係についての問題です。

・Q2　射精の時は、交感神経と副交感神経のどちらが優位に働いていると思いますか？

こんどは、ほとんどの人が正解を出せたと思います。射精の瞬間、ペニスは緊張していますから、交感神経が優位に立つ、が正解です。

以上の知識を整理すると、射精を遅らせるには、いかに副交感神経を優位に働かせるか、つまり**リラックス状態にするか**が重要なポイントということです。自分の状態を常に把握しておくことは、トレーニング中に限らず、実践においてもたいへん有益です。

勃起は副交感神経、射精は交感神経と、覚えておいてください。

さあ、いよいよ次項からトレーニングのスタートです。

射精は「呼吸法」で決まる

早漏克服のために欠かせない基礎知識を学んでいただいたところで、いよいよあなたが一番知りたい射精コントロールトレーニングの説明に入らせていただきます。基本的なトレーニング法は、「**呼吸法**」「**ペニス強化法**」「**アナル締め**」の3つがあります。

最初にご紹介するのは、3つの中でもっとも重要な「呼吸法」です。早速、そのトレーニング法を、といきたいところですが、その前に呼吸法トレーニングの目的と効果を説明します。スポーツでも、どんなに優秀なトレーナーがついていても、肝心の本人がトレーニングの理論や意義に無知ではせっかくの効果も半減してしまいます。トレーニングの意味を理解し、そのことを意識して行うことがとても大切なのです。

実は呼吸は、前項で説明した自律神経と密接な関係があります。呼吸を工夫することで、副交感神経を優位に働かせ、意識的にリラックスモードに導くことで、射精を抑制することが可能となるのです。では基礎知識のおさらいを兼ねて質問します。呼吸には「吸う」と「吐く」がありますが、どちらの時が、副交感神経が優位に立つでしょうか？　はい、正解は「吐く」時です。緊張している時に、「大きく深呼吸しなさい」とよく言われますよね。

試しに予備知識が少ない今の状態で、実際に深呼吸をしてみてください。息を吸う時間と、吐く時間のどちらが長かったですか？　自然と吐く時間のほうが長くなっていると思います。息をゆっくりと長く吐くことで副交感神経が優位に働く時間が長くなり、緊張が緩和されリラックスすることができるのです。ちなみにヨガや気功では、リラックス状態になるために、吸う時間よりも吐く時間を長く取ります。

射精をコントロールするための呼吸法トレーニングも、理屈はまったく同じです。まずは予備トレーニングとして、「ワンポイント呼吸法」からレクチャーしましょう。大切なことですので何度も言いますが、自律神経である副交感神経を優位に働かせるための呼吸法です。

ワンポイント呼吸法

1、約1～2秒の短い時間で、大きく鼻から息を吸う。
2、12カウント（秒）を目安に、ゆっくりと鼻から息を吐く。

とても**単純なトレーニング**ですが、この中にもいくつかの重要なポイントがあります。順に説明していきます。息を吸う時間を短くするのはなぜか？　先ほどから学んできました

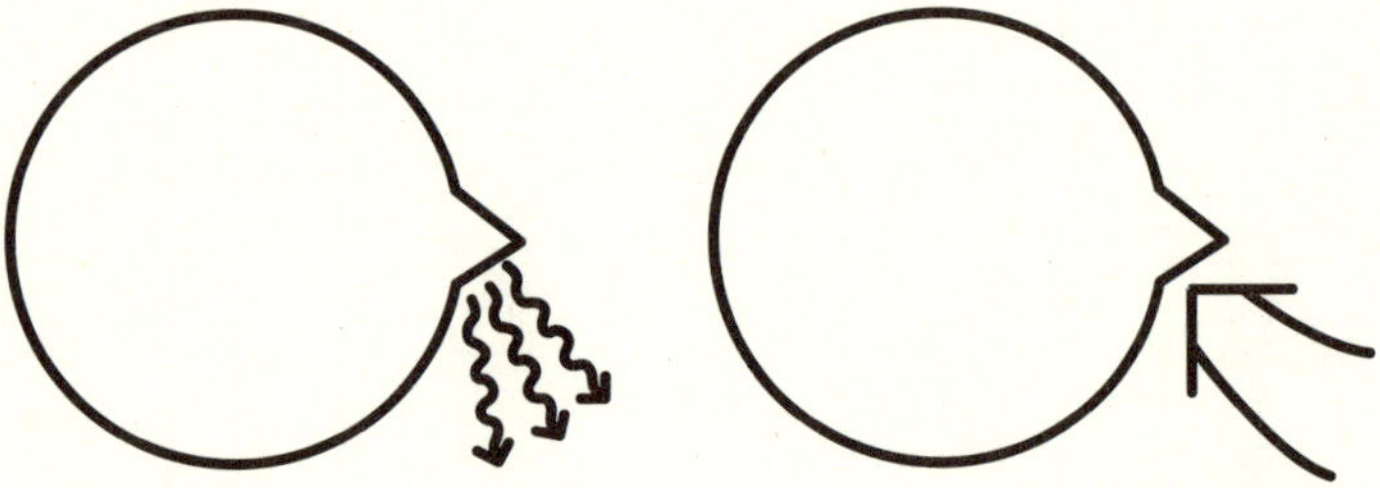

①約１～２秒の短い時間で
大きく鼻から息を吸う

②12秒を目安にゆっくりと
鼻から息を吐く

ワンポイント呼吸法

が、息を吸う時は、緊張や興奮を促進する交感神経が優位に働きます。ですからその時間をできるだけ短くしたいというのが理由です。とはいえ、次のステップで息をゆっくりと長く吐くためには、肺に十分な空気がないといけません。ですから、瞬間的に十分に息を吸えるようになるところから始めてください。ただしその際も、めいっぱい息を吸ってしまうと、苦しくなってしまいます。そこでワンポイントアドバイス。息を吸う時は、肺に**80%の空気が溜まるくらい**を目安に行ってください。

またこの呼吸法では、息を吸う時も吐く時も口ではなく鼻で行いますが、これにも理由があります。単に副交感神経を優位に働かせてリラックスモードになることだけを目的とするなら、口でも鼻でもどちらでもいいのです。事実、ヨガや気功にはさまざまな流派があり、流派によって「鼻から吸って口から吐く」というパターンも存在します。ではアダム流はなぜ「鼻から吸って鼻から吐く」のか？　それは、このトレーニングの延長にある**セックスを想定している**からです。セックスの最中に口から大きく息を吐くという行為は、口臭の問題も含め、あまり品のある行為とはいえません。そのため、トレーニングの段階で、「**鼻から吸って鼻から吐く**」を習慣にしていただきたいのです。

まずは、ワンポイント呼吸法ができるようになってください。この呼吸法だけでも、何度も繰り返すことによって、かなり射精欲を抑制することができます。

さて、ではいよいよ、私が超早漏を克服した、「射精コントロール呼吸法」を伝授しましょう。先ほどから、何度か登場しているヨガ・気功からヒントを得て、私が独自に開発した呼吸法です。ワンポイント呼吸法に、独特のイメージをプラスさせただけですので、やり方はとてもシンプルです。

射精コントロール呼吸法

1、椅子《いす》に腰かけ、背筋をピンと伸ばし、顔を正面に向け、目を閉じる。

2、約1〜2秒の短い時間で、鼻から一気に息を吸う。息を吸う時は、頭部に肺があり、お尻《しり》の穴から吸い上げた空気が、背骨の管を通って、頭部の肺に吸い上げられるイメージで。

3、鼻から、約10秒かけて、ゆっくりと細く長く息を吐く。
4、次の2秒で、お腹をへこませながら、完全に残りの息を吐き切る。
5、息を吐き切ったら、3秒間呼吸を止める。
6、2に戻り、射精欲がおさまるまで何度も繰り返す。

［ポイントの補足］
1＝背筋を伸ばす理由は、人間は上体が垂直な体勢の時に、気が上に上がりやすくなる。
3＝最初はイメージがつかみづらいかもしれませんが、局部に集中した性エネルギーを分散させるうえで、このイメージトレーニングはとても大切です（第三章で詳述します）。コツがつかめるまで繰り返し練習してください。

射精コントロール力を自分のものにするために、この呼吸法のマスターは**絶対不可欠**です。焦る必要はありませんが、カラダが覚えるようになるまで、繰り返し練習してください。日頃のマスターベーションをトレーニングの時間として**慣習化**して、射精したくなったら、手を止めて、呼吸法を行いましょう。最低でも、15分以上はマスターベーションを続けられるようになってください。

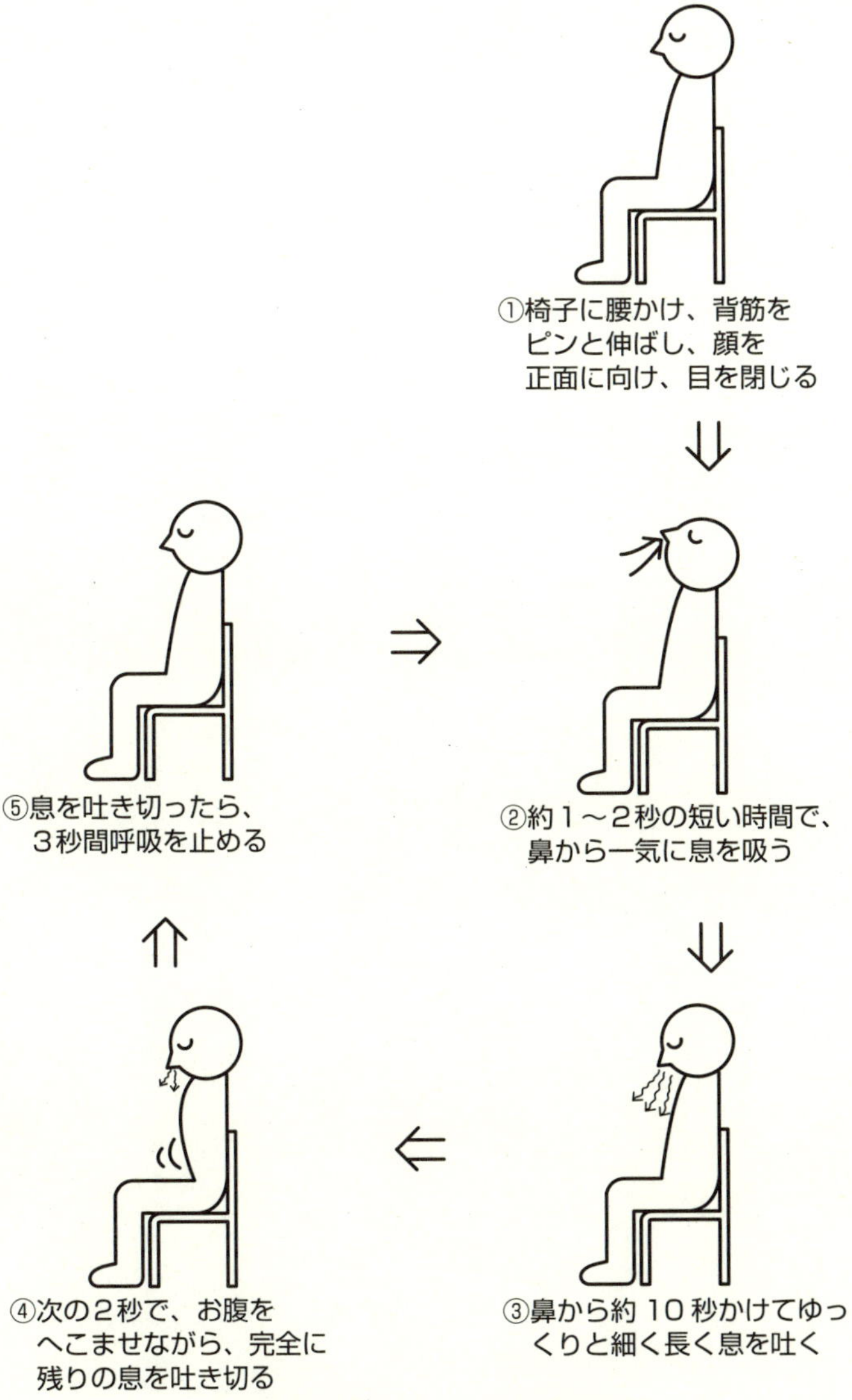
①椅子に腰かけ、背筋を
ピンと伸ばし、顔を
正面に向け、目を閉じる
②約１～２秒の短い時間で、
鼻から一気に息を吸う
③鼻から約 10 秒かけてゆっ
くりと細く長く息を吐く
④次の２秒で、お腹を
へこませながら、完全に
残りの息を吐き切る
⑤息を吐き切ったら、
３秒間呼吸を止める

射精コントロール呼吸法

鍛えて強くする「亀頭強化トレーニング」

ここでは、あなたのペニスを強化するペニス愛撫法を3つご紹介します。

早速、ご紹介していきましょう。

ローリング愛撫法

1、亀頭と右手に十分にマッサージオイル（おすすめは私がマスターベーション用に開発した「ジョイバーオイル」です）をなじませる。
2、皮をしっかりとむき、皮が戻らないように、ペニスの根元を左手で固定する。
3、右手の手のひらを開き、手のひら中央部を亀頭に当てる。
4、手のひらと亀頭の密着面積がなるべく大きくなるようにして、手首を使って手のひらをローリングさせて、亀頭全体を愛撫していく。

指しぼり愛撫法

1、2は同じ。

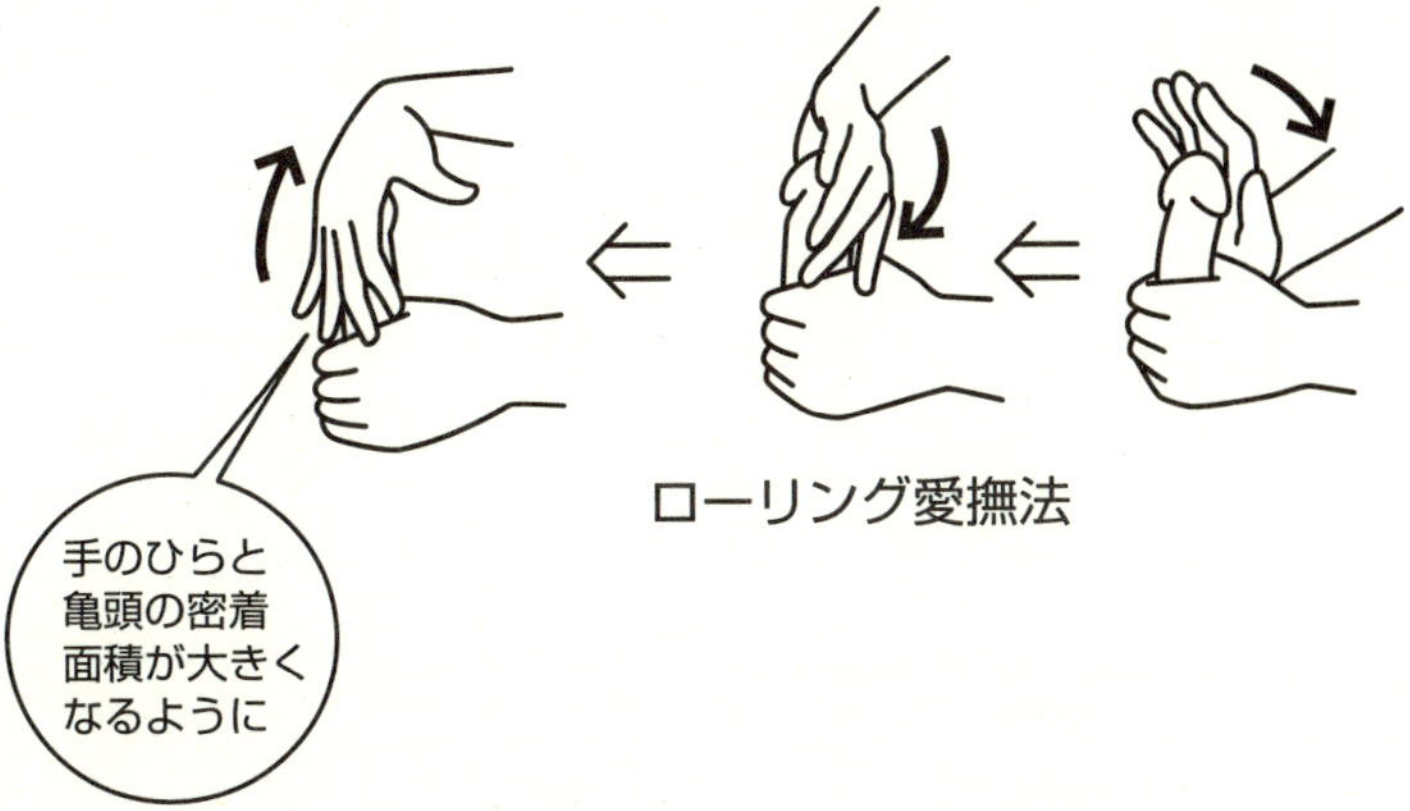
手のひらと
亀頭の密着
面積が大きく
なるように

ローリング愛撫法

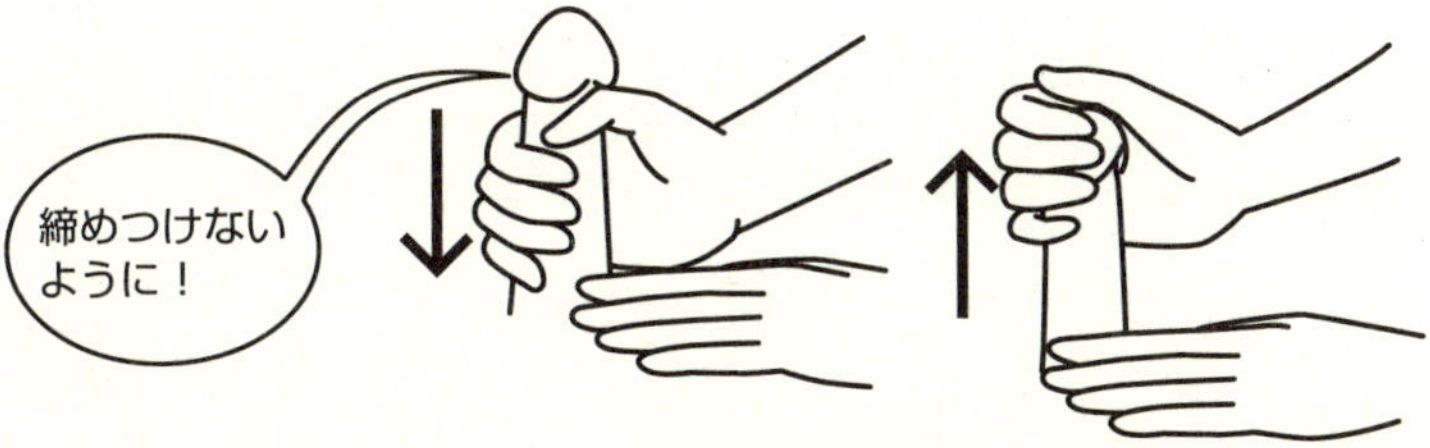
締めつけない
ように！

指しぼり愛撫法

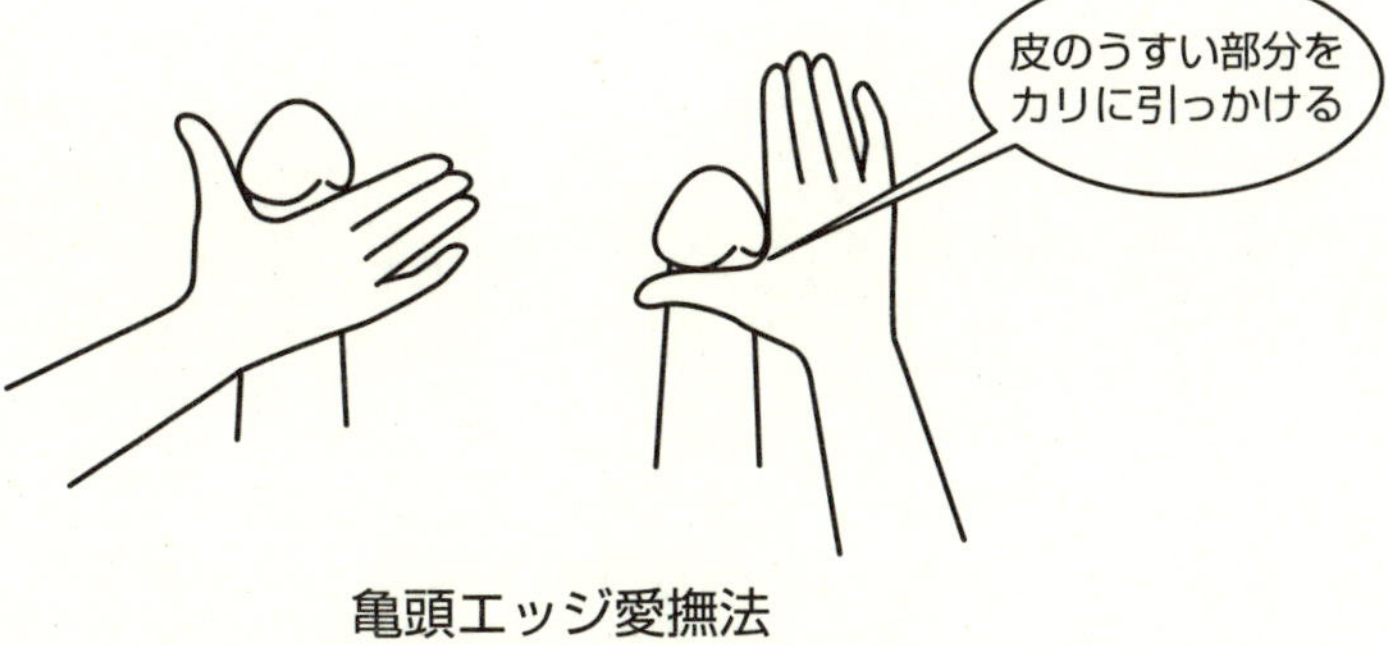
皮のうすい部分を
カリに引っかける

亀頭エッジ愛撫法

3、自分の右手を女性器に見立て、ペニスをピッタリサイズの膣《ちつ》に挿入しているイメージで包み込み、ゆっくりと上下させる。
4、親指と人差し指でつくった輪の内側で、カリを引っかけるようにしながら引き上げる。
5、そのまま亀頭を手のひらで摩擦しながら上げていきますが、中指、薬指、小指の順に指を絞り、ギリギリまで亀頭を締めつけるように愛撫します。
6、下げる時は、今の逆を行う。

亀頭エッジ愛撫法

1、2は同じ。
3、親指と人差し指が、約90度になるように開く。
4、親指と人差し指の間にできた薄い皮の部分で、亀頭のエッジ（カリ）をやさしく丹念に擦《こす》る。手前だけでなく、エッジ全体を愛撫するように、手首の角度を適宜変えていく。

さて、今、3つのペニス愛撫法をレクチャーしましたが、あなたの普段のやり方と比べていかがでしたか？　ほとんどの一般男性は、マスターベーションの際に、竿の部分を握って、皮と一緒に亀頭を擦ります。要するに、亀頭も皮も竿も一緒くたに愛撫しているのです。しかも、「強い摩擦ほど気持ちいい」という経験則があるため、強いグリップで、激しく上下させます。これは、快感を得るための行為ではなく、**射精に突き進む行為**でしかありません。スローセックス、ジャンクセックスの分類に準《なぞら》えれば、一般男性がしているのは**ジャンクマスターベーション**なのです。

では次に、ペニス愛撫法を用いた、ペニス強化トレーニング法をご紹介します。実は、ペニス愛撫法は、前項の呼吸法と併用することで、コントロール力を飛躍的に向上させるのです。

ペニス強化トレーニング法

1、３種類の愛撫法で亀頭をメインに愛撫して、ゆったりとした意識で、快感を満喫する。
2、射精ラインを越えそうになったら、その直前で手の動きを止め、射精欲がおさまるまで呼吸法を行う。
3、ペニスが萎えてしまう前に、再開する。
4、以上を繰り返し、最低でも15分以上マスターベーションを続ける。
5、我慢できずに15分以内で射精してしまった場合は、時間を置いて、再チャレンジする。
6、15分以上がクリアできたら、20分、30分……と、目標数値を上げていく。

7、慣れてきたら、射精をしないまま、トレーニングを終え、その回数を増やしていく。

このトレーニングを続けて、まずはセックスの予行演習としての役割を持つマスターベーションで、**自律神経をコントロールする感覚**を会得してください。イキそうになっても何度でも呼吸法で鎮められ、またイキたくなったら**自由自在に射精モードに移れる**ようになるまで、ずっと続けてください。

完全にマスターするまでの期間には個人差があります。2週間程度でコツがつかめる人もいれば、半年以上やっても、なかなか効果が表れない人もいます。ちなみに私は、毎日欠かさず（しかも、一日に2回、3回と行いました）トレーニングを続けて、完全にマスターするまで約3ヵ月かかりました。

私のように、一日も欠かさずという環境と時間を確保するのは、なかなか難しいことかもしれませんが、やると決めたら、**集中的にトレーニング**することが大切です。1週間に1回程度の頻度では、ほとんど効果は望めないからです。

まずは、「改善の兆し」を目指してください。「3分だったのが、4分になった」という小さな変化だって、立派な兆しです。「アレッ、何か今までと違う」。そんな感覚がつかめたらしめたもの。小さな変化でも、確かな成功体験の実感は、トレーニングに喜びと張り合いをもたらします。

実直にトレーニングを続ければ、必ず改善します。そのことだけは、超早漏の大先輩である私が保証します。

射精抑制の裏技「アナル締め」

ここでもうひとつ、早漏克服に役立つ、とっておきの秘儀を伝授させていただきたいと思います。

それが、「**アナル締め**」です。

アナル締めを行うタイミングは、呼吸法を行った直後です。

「短く一気に息を吸って～、ゆっくり長く息を吐いて～」の後で、お尻の穴をキュッキュッキュッと、10回リズミカルに締めてください。

お尻の穴を締めるという動作の時は、お尻の穴の筋肉を緊張させているわけですから交感神経が優位に立ちます。アナルとペニスは隣接していますから、交感神経が優位に働いている影響は、自然とペニスにも及びます。つまりペニスも緊張している状態です。

ここで「交感神経と副交感神経」の話を思い出してください。緊張状態の時は、ペニスはどうなりましたか？　勃起するのは副交感神経が優位に立ち、リラックスしている状態でしたよね。今はそれと逆の状態ですから、ペニスは萎えてきます。

つまり、アナル締めをすることでペニスは萎え、そのことで射精を抑制することができるのです。

「吸って、吐いて、アナル締め」。これをワンセットとして、イキそうになるたびに、3～4セット行ってください。そしてペニスが少し萎えてきたら、ペニスの愛撫を再開する。

このプロセスを、**何回も繰り返す**のです。2回、3回程度ではなく、5回、10回、15回と、何度も何度も繰り返し、自律神経のコントロール術を体得してください。

マッサージ用オイルを使った愛撫は、本当にとても気持ちいいので、すぐに射精したい欲望にかられると思います。最初は、5分と持たないかもしれません。それこそ、今まで3分は耐えられた男性が、1分も耐えられないほど気持ちいいことでしょう。

だからこそトレーニングになるのです。

さて、アナル締めには、ひとつ注意点があります。それは、アナル締めをやりすぎると、男性によっては、ペニスが**完全に萎えてしまって**、しばらく勃起しなくなるケースがあるということです。それほどアナル締めには射精を抑制する効果があるという証拠なのですが、ペニスが完全に萎えてしまったのでは、肝心のトレーニングに支障をきたします。

アナル締めの効果が出すぎる場合は、回数を10回から5回に減らしたり、アナル締めはほどほどにして呼吸法に専念するなど、自分の体質に合わせて調整して、トレーニング法を各自カスタマイズしていってください。

あくまでも本書を基本にして欲しいのですが、基本を踏まえたうえで、自分に合ったオリジナルのやり方やノウハウを構築していくことは、効果を上げるためにも、トレーニングを長続きさせるためにも、とても重要なことです。

疑似トレーニングにはヌード写真集を使う

男性受講生からよくこんな相談を受けます。

「マスターベーションである程度コントロールできるようになれたとしても、同じことがセックスでできるかどうか自信がありません。どうすれば不安が解消されるでしょうか？」

この不安は、私にもよくわかります。当たり前のことですが、ひとりでするマスターベーションと、愛する女性とふたりでするセックスは、**まったく別物**です。トレーニングでできたことが、はたして実践でできるだろうか？　そんな不安が芽生えるのは当然の心理です。

この不安解消のヒントはスポーツにあります。たとえば野球を例にあげましょう。キャッチボールやバットの素振りといった野球の基礎トレーニングを一生懸命やれば、ある程度は自信がついてきます。しかし、基礎トレーニングをどれほど重ねたとしても、練習と試合は別物です。初めての公式試合ともなれば誰でも緊張します。「チームのためにがんばらなきゃ」「絶対にミスはできない」と思えば思うほど、不安と緊張が大きくなって、思うように実力が出せなくなってしまいます。まさに、マスターベーションとセックスの構図と同じです。そんな時、スポーツの世界で行われるのが練習試合です。本番さながらの練習試合を何度も行うことで、自信がつき、**メンタル面が強化**されます。

マスターベーションにおける練習試合が、これから紹介する「疑似セックストレーニング」です。なるべく本当のセックスに近い状態をつくることで、百パーセントとは言わないまでも、不安はかなり軽減されるでしょう。

早速やり方を説明いたします。

疑似セックストレーニング法

1、その日の目標持続タイムを設定する。
2、全裸になり、右手とペニスにオイルを塗ってスタンバイ。
3、ベッドにうつ伏せになり、やや反り身の体勢を取る。

4、オイルを塗った右手をホール状に丸めて、ペニスを挿入する。
5、手の甲の部分をベッドに密着させて固定し、手は動かさずに、腰だけを動かす。
6、イキそうになったら、呼吸法とアナル締めで回避する。
7、目標タイム達成まで、5と6を繰り返す。
8、目標タイムをクリアしたら、射精ゾーンに突入し、存分に快感を楽しむ。

もうおわかりかと思いますが、正常位でセックスしているのと**同じ状態に近づける**ことが、疑似セックストレーニングの最大のポイントです。**自分の右手を、好きな女性の膣だとどれだけ具体的にイメージできるか**が、最大の焦点となります。

トレーニングには、お好みのアダルトＤＶＤをお使いになってもかまわないのですが、イメージ力を強化するための一案としておすすめしたいのが、**ヌード写真集の活用**です。私はグラビアページに、好きな女性の顔写真をコラージュして使っていました。アダルトＤＶＤはひとつの作品として完成されているため、刺激は強いのですが、どうしてもイメージがそれ以上には膨らまないというデメリットがあります。その点写真集は、イメージ力次第で、いかようにもリアルに近づけていくことができるのです。

また、これも好みが分かれるかもしれませんが、ホール状に丸めた右手の代わりに、通称オナホールと呼ばれるアダルトグッズを使用してもいいと思います。ちなみに、私のトレーニングではオナホールが相当活躍してくれました。

疑似セックストレーニングを、ばかばかしいなどと侮《あなど》ってはいけません。確かに客観的に見れば、かなり滑稽《こっけい》な行為かもしれません。万が一、他人に見られるようなことがあれば、恥ずかしくて顔から火が出るほどでしょう。しかし、**早漏が克服できないことのほうが、遥《はる》かにみじめ**なことです。

早漏を、体質のせいにしてあきらめることはありません。けれども、トレーニングという努力をしない限り、**早漏の克服はありえない**のです。セックスに限らず、成功者と呼ばれる人は、必ず人知れず努力をしてきた人たちです。成功は努力の成果なのです。

疑似セックストレーニングは、まさに「隠れた努力」です。

第2章 まとめ

・ペニス強化トレーニングの目的は、物理的な刺激に対して強くなるのではなく、「快感という感受性に耐えられる脳神経をつくり、長持ち力をアップさせる」ことにある
・トレーニングを積むことで、自分の射精ラインを知ることができる
・射精を遅らせるためには、リラックス状態にすることが重要
・勃起は副交感神経、射精は交感神経
・射精コントロールトレーニングには、「呼吸法」「ペニス強化法」「アナル締め」の3つがある

第3章

セックスの本質は「気の交流」にある

「気のコントロール」がセックスに革命をもたらす

第二章でレクチャーした呼吸法をマスターして自律神経がコントロールできるようになると、それだけでもずいぶんと射精を抑制することができるようになります。しかし、「射精のメカニズム」で説明した通り、射精は「気」のスパークによるものです。ですから、気にとても敏感な男性は、自律神経のコントロールだけでは、**どうしても越えられない壁**があります。その意味でも、ぜひ、次のステップとして、**気をコントロールする能力**を身につけて欲しいのです。放っておいたら、ペニス周辺に集中してしまう気を、全身に流れるようにコントロールできるようになることで、早漏は完全に克服できるのです。

気についての説明の前に、気の存在を知ってもらうために、簡単な実験をしてみていただきたいと思います。

まず、左手の手のひらを広げて、右手の人差し指と中指の指先を、左手の手のひらの中央部に触れるか触れないかの距離まで近づけてみてください。そして、その状態をキープしたままで、右手の中指を小刻みに動かしてみてください。何か感じますか？　気に敏感な人であれば、指で触れてはいないのに、手のひらが**くすぐったいような感覚**があると思います。

何かを感じた人もいれば、何も感じなかった人もいると思います。気は、体感するという意味では、非常に微弱なエネルギーです。まだコントロール法のトレーニングをしていないのですから、感じられなかったからといって、気にする必要はまったくありません。繊細な感覚が求められるということがわかっていただけただけで十分です。

さて、誰もが持っている「気」とは何か？　私は、肉体と精神の中間に位置するエネルギー体だと考えています。「気力」という言葉がありますが、人を「元気」にさせたり、「勇気」を与えたりするのが、気のエネルギーです。逆に体内の気が少なくなると、元気がなくなり、「弱気」になったり、ひどい時は「病気」になったりします。**車で言えばガソリン**に当たる、**人間の心のエネルギー源**が気なのです。「無気力」は、まさにガス欠の状態です。

気の果たす役割はそれだけではありません。「心とカラダはつながっている」と言いますが、気には、心とカラダをつなげる媒体としての役割もあるのです。車で言えば、ハンドルやブレーキの操作（脳の働き）を、動力（肉体）に伝える電気系統といったところでしょうか。だから、**気を自由にコントロールできれば、自然と射精もコントロールできるようになる**のです。

まだあります。気の本当の凄《すご》さは、まるで電波のように、**人から人へ飛んでいく**という性質を持っていることです。気の持つ「心のエネルギー」「心とカラダをつなぐ媒体」としての働きは、自分だけでなく、他人に対しても同じ作用を及ぼすのです。つまり、自分以外の相手にパワーを与えたり、自分と相手の心やカラダをつないでくれるのです。

セックスという場面を例に出せば、気をコントロールできるようになると、**女性を気で官能させることができる**ようになれます。

これまで、「気」という言葉を使って話をしてきましたが、気にはいくつも種類がありま す。性的に興奮したり官能した時に、強くなったり増えたりする気のことを、私は「性エネルギー」と呼んでいます。これからは、性エネルギーという言葉を使って説明していくことにしましょう。

人間のカラダからは常に性エネルギーが発せられています。とくに強力な性エネルギーを発しているのが、**指先**、**手のひら**、**舌先**、**性器**の４ヵ所です。

気に敏感な女性の中には、フェラチオでの射精の直前に、「顔に何かがドバーッとかかるような感覚がある」と言う人もいます。そこまで敏感でなくとも、ペニスを口に含むだけで気持ちいいと言う女性が少なくないのは、まさに女性が、男性の発する性エネルギーに反応しているからなのです。バイブを口に含んだとしても、同じことは起こりません。モノでしかないバイブには、性エネルギーがないからです。

早漏は資質であると言いました。早漏は、その男性が持つ性エネルギーが強力であり、性エネルギーに敏感な証《あかし》だからです。ここで、もうひとつの事実を開陳しましょう。実は、男性と女性を比べた時、**女性のほうが遥《はる》かに性エネルギーに敏感**だということです。だから女性は、トップクラスの性エネルギーを持つ男性と交わった時、気だけで官能することができるのです。この性差による不思議は、女性が「受け身の性」として授かった才能としか説明のしようがありません。

今のあなたに、こうした話をすぐに信じてくださいとは言いません。男性とは、実際に自分で体験したことのないことは、信じられない生き物です。性エネルギーという概念がまったく持ち込まれていない既存のセックスで、あなたが性エネルギーの存在を実感した経験などないのが当たり前なのです。私もそうでした。私がお話ししていることは、すべて私が性エネルギーをコントロールできるようになってから経験したことです。

けれども、あなたがこれまで、性エネルギーに官能している女性を見たことがないとしても、こんな経験はありませんか？　好きな女性と手をつないだだけで、カラダに電流が走ったような感覚がした。好きな女性と抱き合うだけで、カラダが熱くなった……。早漏という現象が、性エネルギーの悪戯《いたずら》であるように、こうした感覚を覚えるのも、すべて性エネルギーの仕業なのです。

まずは、「早漏克服」の一念で、次項からお話しする性エネルギーコントロールのトレーニングを開始してください。トレーニングを通じて、性エネルギーを意識できるようになると、自然と今まで気づかなかったことが見えてくるようになります。その時から、あなたの本当のセックス革命は始まります。

自分自身のために、そして愛する女性のために、あなたが持つトップクラスの性エネルギーを解き放ってください。

射精を回避するための「性エネルギー」コントロール法

気は誰もが持っています。「気の概念」がなくとも、「気の存在」に気づいていない人でも、無意識のうちに増えたり減ったり、動いたりしています。血液と同じように、勝手にカラダの中を流れているのです。何かの原因で血管が詰まって、血の巡りが悪くなると当然、カラダに悪影響が出ますよね。

気も同じです。「気の巡り」が悪くなると、精神的なコンディションが悪くなり、必要以上にストレスを感じたり、ちょっとしたことで気分が滅入ったり、うつになったり、ひどくなればカラダの免疫力や抵抗力が弱くなり、肉体面にも悪影響を及ぼすことにもなります。

そして実は、早漏になるのも、気の巡りが滞るのが原因です。性エネルギーは、女性の裸を見る（視覚）、女性の喘《あえ》ぎ声を聞く（聴覚）、オッパイを触ったり、ペニスへの刺激（触覚）といった性的情報を脳が受信することで、**どんどん増えていきます**。前戯の段階はもちろん、デートの最中にも、あなたのカラダの中で増え続けています。

増幅した性エネルギーは、とにかく**ペニス周辺に集まろう**とする性質を持っています。下腹部が熱くなるのはそのためです。射精がコントロールできないのは、気の巡りが円滑でないために、ペニス周辺に溜《た》まった性エネルギーが、他の部分に流れることができずに一点集中してしまい、まさにコップから水がこぼれるように、スパークしてしまうからなのです。

無意識のうちに、局部に集中してしまう性エネルギーを、**意識的にカラダの他の部分に流すように**すれば、射精は抑制されます。自分の意思で自由自在に性エネルギーをコントロールできるようになれば、早漏は克服できるのです。

性エネルギーをコントロールするのは、それほど簡単なことではありません。それ相応の期間と鍛錬を必要とします。私の場合は、かなり集中したトレーニングを行いましたが、それでもマスターするまでに数ヵ月かかりました。トレーニング中は、果てしなく長く感じられた数ヵ月ですが、今思えば「たった数ヵ月」という感覚です。なにしろ、それまでのセックスライフと呼ぶのもおこがましいみじめなセックスが、その数ヵ月を境に**バラ色に変わったの**ですから。

いよいよ、性エネルギーをコントロールする呼吸法を紹介します。大切なのは、意識の置き方と、イメージ力です。

気を溜める

一足飛びに、気を自在に動かせるようになるわけではありません。いくつかのステップがあります。最初のステップが「気を溜める」感覚をつかむことです。

最初のトレーニングで、気を溜めるのは、**丹田**《たんでん》、**会陰**《えいん》、**仙骨**《せんこつ》の3ヵ所です。まずは、その場所を説明しましょう。

丹田：おへそより、指3本分下の場所。人間のカラダの中でもっとも気が蓄積しやすい場所で、「気海《きかい》」とも呼ばれる。今回のトレーニングでもっとも重要な場所

会陰：睾丸《こうがん》とアナルのほぼ中間地点。俗に「蟻《あり》の門渡《とわた》り」と呼ばれる場所

仙骨：尾骶骨《びていこつ》の真上に位置するハート形の骨。尾骶骨に中指の先端が触れるように腰に手を当てた時、ちょうど手のひらが触れている部分。「性エネルギー発電所」とでも言うべき、性エネルギーをつくり出す場所

さて、場所がわかったところで、気を溜めるトレーニングに移りましょう。

まずは「丹田に気を溜める」ことから行います。この時、「武息《ぶそく》」と呼ばれる呼吸法を使

います。腹式呼吸の強力版だと思ってもらえばいいでしょう。

武息のやり方

1、下腹をぐーっとへこませながら、体に溜まった悪い気を吐き出すイメージで、息を吐く。

2、下腹を膨らませながら鼻からゆっくりと息を吸う。

3、息を吸い切ったらすぐに呼気に移る。下腹をへこませるようにしながら、息を吸った時の時間よりも長く、ゆっくりと息を吐き出す。

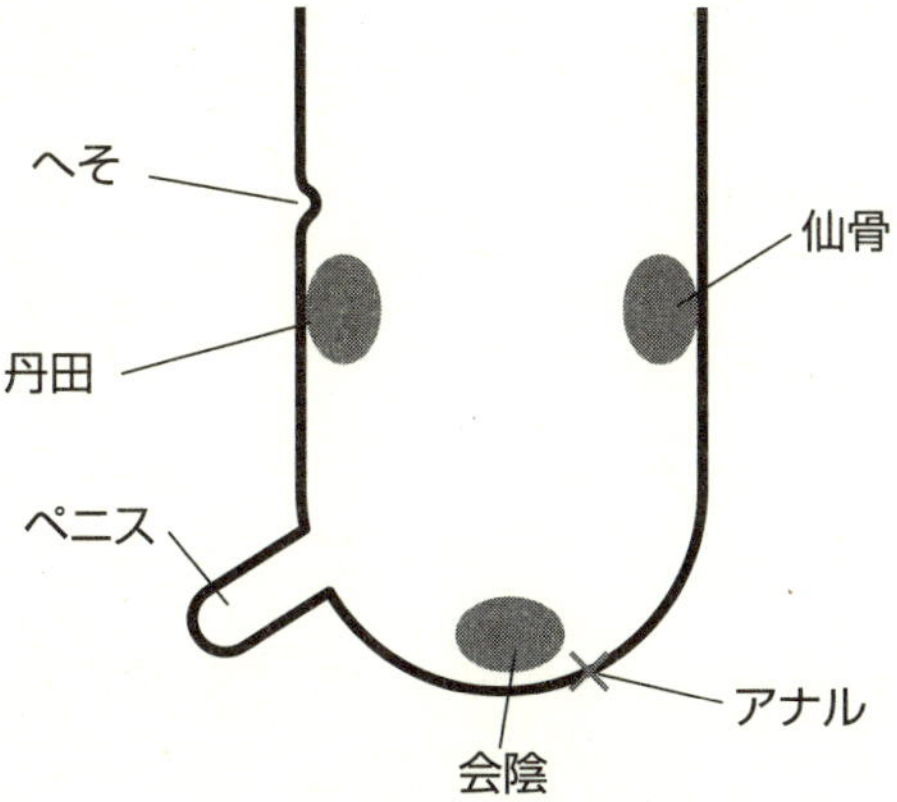

気を溜める場所

武息をする時は、全身をリラックスさせましょう。背中やみぞおちに痛みを覚えたら、それは上半身に力が入りすぎている証拠です。膨らませたりへこませたりするのは、おへそから下の「下腹部」です。慣れないうちは、両手を下腹部と上腹部にそれぞれ当てて、下腹部だけに力を入れられるように練習してください。また、武息をする際の意識についてですが、従来の、酸素を二酸化炭素に変換する呼吸ではなく、「**外部からよい気を取りこんでいる**」というイメージを持つことがとても肝要です。

さて、武息を行いながら、丹田に意識を集中させていきます。実際に気が溜まってくると、丹田に「あたたかい」「熱い」といった感覚が生まれてきます。

意識を集中させるうえでの最大のポイントは、「**何気なく、ボーッと意識を置く**」こと。矛盾しているように思われるかもしれませんが、「溜まれ、溜まれ、早く熱くなれ!」と、一生懸命に念じすぎると、逆に気は溜まりません。たとえば、目の錯覚を利用した「見えない文字や絵が浮かんでくる絵本」も、「見るぞ、見るぞ」と思いすぎるとなかなか文字は浮かんできません。眠気を覚えるくらいボーッとリラックスした状態のほうが、はっきり見えます。ちょっと難しいかもしれませんが、「**無意識に近い状態で意識する**」のがポイントなのです。

実際、私もかなり苦労しました。この後紹介するステップも含め、一番苦労したのが、今お話ししている「丹田に気を溜める」ことなのです。

と、脅かしておいて、あなたにうれしいニュースがあります。実は、私はすでに、楽にマスターできる、**とっておきの秘策**を編みだしているのです。私がやっと見つけた秘策を、苦労なしで手に入れられるんですから、本当におめでとうございます、です。

その秘策とは、名づけて**「使い捨てカイロ作戦」**。先ほど、気が丹田に溜まってくると、「あたたかい」感覚を覚えると書きました。そのあたたかい感覚を、使い捨てカイロを使って、先に丹田に与えるのです。ミニサイズの使い捨てカイロを、衣服や下着の上から、丹田に貼《は》ってトレーニングしてみてください。気のコントロールにはイメージ力が大きなカギを握っています。何に苦労するかといえば、「目には見えない」気を、どうイメージしたらいいかということに、一番苦労するのです。それが、使い捨てカイロを使えば、イメージしなくてもあたたかいわけですから、力んで懸命にイメージしなくていいぶん、リラックスして「無意識な意識」に、**集中することができる**のです。使い捨てカイロ作戦で、気を溜めるコツをつかんでください。

丹田に気を溜められるようになったら、次は「会陰」です。方法も要領も、丹田の時とまったく同じです。会陰の次は「仙骨」と、順番に進んでください。会陰や仙骨の場合は、「あたたかい」「熱い」に加えて「モゾモゾするような感じ」もあるかと思います。いずれにせよ、**「いつもと違う感覚」**が少しでもあったら、それは確実に、あなたの意思で、**意識した場所に気が集まってきた証拠**です。

気を動かす

気を溜める感覚がつかめるようになったら、第2ステップの「**気を動かす**」に、チャレンジしてください。丹田・会陰・仙骨の3点を基準に、気を動かすトレーニングを行います。

まずは、丹田に溜まった気を会陰に動かしていきます。以降、簡素化して「丹田↓会陰」という表記にします。これもイメージ力が勝負の部分がとても大きく、気功の本でもさまざまな方法が紹介されています。私も気を「赤い玉」だとイメージしたり、いろいろ試してみましたが、なかなかうまくいきませんでした。この第2ステップでも、おすすめなのが例の使い捨てカイロ作戦です。移動したい場所のほうに、使い捨てカイロを貼るのです。「丹田↓会陰」の場合は、会陰にミニ使い捨てカイロですね。完全に気を動かせるようになると、カラダの中で気が移動しているのが実感できるようになるのですが、初級段階では、丹田と会陰の間が、「なにかムズムズするような感覚」が持てるようになればしめたものです。

「丹田↓会陰」ができるようになったら、次は、「会陰↓仙骨」。仙骨まで行ったら、今度は今までとは逆方向の流れで、「仙骨↓会陰」、「会陰↓丹田」と、動かせるようにトレーニングしてください。それもできるようになったら、次は、「丹田↓会陰↓仙骨」、「仙骨↓会陰↓丹田」と、3点を一度にグルッと行ったり来たりして動かす練習をしましょう。

呼吸との兼ね合いですが、「丹田→仙骨」方向は、息を吸いながら、「仙骨→丹田」方向は、息を吐きながらが、気の動きをイメージしやすいと思います。ただ、絶対にそうしないといけない、というものではありません。私の方法を参考にして、後は、自分のイメージしやすい方法でトレーニングするのが一番です。

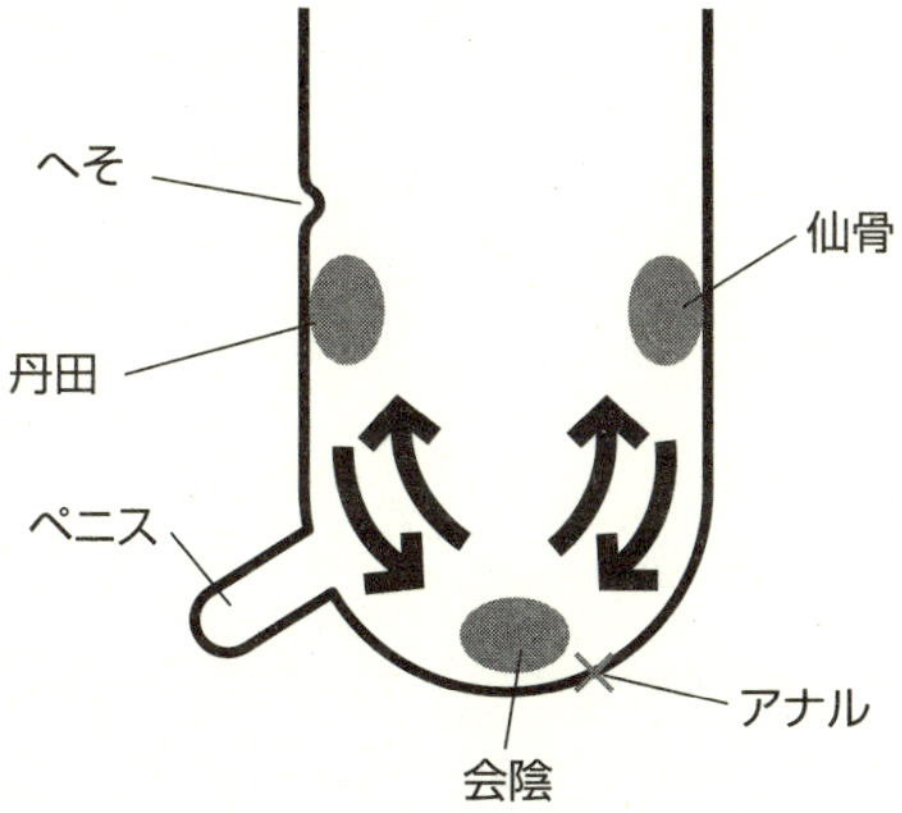

気を動かすイメージ

気の局部集中を避ける「小周天」

射精が起こるメカニズムである、性エネルギーのスパーク現象は、「ペニス周辺に一極集中した性エネルギーを、全身に流して分散させる」ことで回避することができます。これを意識的にできるようになることが、すなわち射精のコントロールにつながるのです。

ペニス周辺に蓄積された性エネルギーを、自分の意思で全身に循環させるために、私が考案したのが、気功術のひとつである「小周天《しょうしゅうてん》呼吸法」

を応用した方法です。

実を言うと、前項でやっていただいたトレーニングは、すべて、この**小周天呼吸法をマスターしていただくための、予備練習**だったのです。初めに断っておきますが、私はあなたに気功術をマスターしてもらうつもりなどまったくありません。たまたま私が開発した早漏克服トレーニングが、気功からヒントを得たものだというだけで、あくまでもトレーニングの効果を高めるために、知識がないより、あったほうがより効率的というだけです。

その証拠に、この私にしても、気功術をかじった程度で、完全にマスターしているわけではありません。言ってみれば、気功術のいいとこどりです。その程度で、早漏克服、ならびにセックス全般に、驚くほどドラスティックな革命が起こるのです。中国四〇〇〇年、**恐るべし**です。

まずは、気功に馴染《なじ》みのない方に、小周天について、簡単に説明させていただきます。

気功術では、人間のカラダには、たくさんの気の流れる道である「経脈《けいみゃく》」があるとされています。経脈という言葉に馴染みはなくても、「ツボ」はご存じですよね。ツボとは、カラダの中で気に敏感な部分のことで、全身に散らばるツボを結ぶルートのことを経脈と呼んでいるのです。

気功術では12の経脈があるとされていますが、小周天呼吸法とは、12の経脈の中でも、とくに重要な気が流れるルートとされる、「任脈《にんみゃく》」と「督脈《とくみゃく》」のふたつの経脈に、気を循環させる練功《れんこう》のことです。

丹田を起点として、頭のてっぺんから、上半身の前面を通って丹田に下りてくる気のルートが任脈、丹田から背骨を通って頭のてっぺんに至るルートが督脈です。気功術では、上半身にグルッと気を一周させて気の巡りをよくし、悪い気が滞っている部分をなくすことで、細胞が活性化され、健康によいとされているのです。

さて、いよいよトレーニングですが、ここでも大切なのはイメージ力です。気はイメージすることで動くようになるのです。

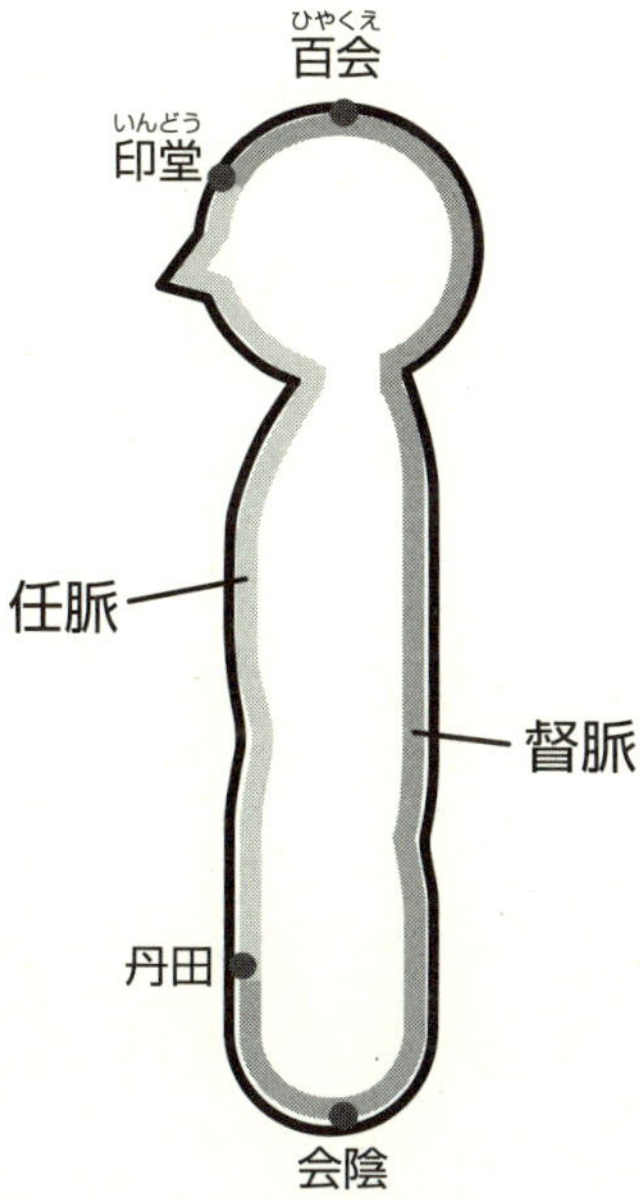

12経脈の気のルート

まずは、丹田に気を溜め、息をゆっくりと吸いながら、その気が、会陰、仙骨と順々に移動し、背骨を伝って、脳に上がっていくイメージを持ってください。気が脳に上がったら、今度は息をゆっくりと吐きながら、脳からカラダの前面を通って、再び丹田に戻ってくるイメージを持ちます。

この小周天呼吸法をマスターすれば、自分の意思で全身に性エネルギーを**循環させることができる**ようになるので、**1〜2時間**交接を楽しんでも、性エネルギーが局部に集中することはなく、スパークもめったに起きなくなります。

射精のことなど気にせず、**いくらでも好きなだけ交接が楽しめる**ようになります。しかも、あなたはもともと気に敏感だったのですから、イキたいと思えば、好きな時に、射精ゾーンに入って、射精することもできるのです。効果はそれだけではありません。小周天呼吸法をマスターして、**気を自由に操れる**ようになるということは、以前にも増して「気に敏感な体質」に**パワーアップ**しているのです。早い話、昔よりも、快感がアップするのです。それもペニスが気持ちよくなるだけではありません。セックスの時、性エネルギーが体内を循環することで、全身が快感に包まれるのです。早漏の頃に局部に感じた「熱い何か」は、もはや悪玉ではありません。**快感のエンジェル**として、全身を駆け巡り飛び回るのです。

これが、「超漏」の威力です。

さて、小周天呼吸法がもたらす恩恵は、それだけではありません。あなたのセックステクニックも、飛躍的にパワーアップするのです。

変化が顕著なのが、アダムタッチ（フィンガーテクニック）です。

女性は気に官能する生き物だと言いました。人間の指先からは、絶えず性エネルギーが出ています。まったく同じ感触、同じ刺激だとしても、指で触られるのと、棒で触られるのとでは、**気持ちよさが違います**。気を自在に操れるようになって、気が全身を駆け巡るようになると、気のパワーは強くなります。必然的に、**指先から発せられる気も強くなる**のです。

これは気の量の問題だけではありません。気功術では、「気を練る」という表現を使うのですが、気は体内で循環されることによって、ワインが熟成されて、より奥深く豊潤《ほうじゅん》で上質な味に変化していくように、練られることで、質がレベルアップするのです。極端に言えば、まったくテクニックが同じでも、小周天呼吸法をマスターする前と後では、女性が感じる気持ちよさに、天と地ほどの差が出るのです。

ただ、小周天呼吸法は、一朝一夕にマスターできるものではありません。トレーニングというからには、努力の継続が必要です。幸いなことに、小周天呼吸法のトレーニングに特別な器具は必要ありません。その気になれば、どこでもできます。出勤前、通勤電車の中、昼休み、風呂上がり、寝る前……。実際、私は、電車での移動時間を、格好のトレーニングタイムに使っていました。座っている時だけでなく、吊り革につかまって立っている時も、目をつむって、体内を気が循環しているイメージで、ゆっくりと呼吸します。時間にして15分程度ですが、周囲の人は、まさか私が、小周天呼吸法のトレーニングをしているなんて、夢にも思わなかったことでしょう。**白昼堂々とやっていても、他人に気づかれることがない**というのも、このトレーニングの利点だと思います。

最高のオナニー「気を脳に上げるマスターベーション」

残念ながら今、女性を自分の性欲処理の道具のようにしか思っていない男性は少なくなく、本人はセックスのつもりでも私に言わせれば「ふたりでするマスターベーション」程度のものだったり、面倒くさいセックスよりも、マスターベーションのほうが気楽でいいと考える草食男子など、セックスとマスターベーションの境界線が曖昧《あいまい》になっています。しかし、あえて説明するのもバカバカしいのですが、セックスとマスターベーションは**まるっきり別物**です。別物と言うからには、本来男性にとってマスターベーションには、セックスとはまた違った楽しみや意義があるということです。

多くの男性にとって、マスターベーションの目的は、性欲の処理です。もちろんそのことは否定しませんし、個別の楽しみ方があってもいいと思います。けれど、それとは別に、自分の性と向き合う機会、セックスの予行演習、といった意義も忘れないで欲しいのです。

以上の意味を踏まえたうえで、今まで以上に、充実したマスターベーションライフを送っていただくために、最高の快感を味わえる秘儀を伝授したいと思います。

それが「気を脳に上げるマスターベーション」です。

小周天呼吸法をマスターして、任脈と督脈のルートがつながると、もうひとつ別の経脈が開通します。それが、「中脈《ちゅうみゃく》」と呼ばれる経脈です。小周天呼吸法で紹介した任脈と督脈は、カラダの表面に近い部分を通る気のルートですが、中脈は、会陰と脳を一直線で結ぶ、体の内部にある太いルートです。直線距離で、なおかつ気が通る道が広いので、一気に**大量の気を脳に上げることができる**のです。

中脈に気を通せるようになると、どうなると思いますか？　通常のマスターベーションでは、気持ちいいのは、ほぼペニスだけですよね。それが、射精の瞬間に、次に紹介する「中脈呼吸法」を使って、局部に溜まった大量の気を一気に脳に上げると、**脳で快感を感じる**ことができるのです。脳が風船のように10倍くらい膨張したような感覚になって、その膨らんだ脳全部が快感に包まれます。しかも快感が10秒以上続くのです。そのうえ、その快感の大波は、上半身、とくに胸から上の部分にも押し寄せてきます。もう**超絶の快感**です。

中脈呼吸法

1、呼吸をして実際に空気が溜まるのは肺ですが、脳が肺だと思って、脳が呼吸しているよ

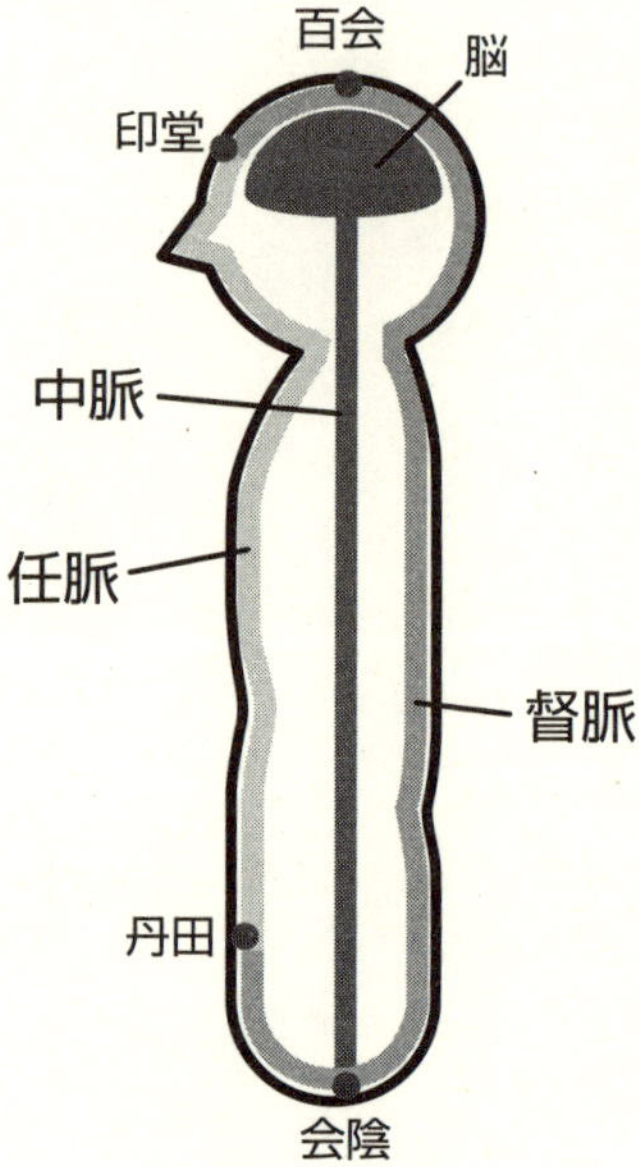

中脈開通のイメージ

うなイメージで呼吸します。６秒で吸って12秒で吐く。その際、酸素を吸うのではなく、大気中にあるエネルギーを、脳で吸収するようなイメージを持ってください。この呼吸を続けていると、次第に、脳が膨らんでくるような感覚が生まれてきます（ただ、あまりやりすぎると、頭痛を覚えることもあるので、あくまでも脳で呼吸するイメージをつかむトレーニングとして行ってください）。

2、脳で呼吸する感覚がつかめたら、会陰から中脈を通って脳に気を上げるイメージで、息を6秒間で吸います。

3、今度は、逆に、中脈を通って、脳から会陰に気を下げるイメージで、12秒かけて息を吐きます。1～3のトレーニングで、カラダがポカポカあたたかくなるような感覚がつかめたら、中脈が開通した証拠です。

4、感覚がつかめたら、マスターベーションをしながらのトレーニングに移ります。性エネルギーがペニス周辺に集まったところで、3の呼吸法を使って、会陰から脳に気を上げます。そして普通に鼻から息を吐きます。

5、4を繰り返し行い、最低でも15分以上、ペニスと脳の快感を楽しんだら、射精ゾーンへ。射精の瞬間は、息を吸う時間を、今までの6秒から、1～2秒に短縮して、一気にズドーンと、性エネルギーを脳に上げます。

以上が、中脈呼吸法を応用したマスターベーションの方法です。

中脈呼吸法で味わう、超絶の快感は、体験してもらわないとわからない感覚です。中脈呼吸法は、イキにくい体質に変える効果もありますので、早漏克服トレーニングの一環として導入されることを強くおすすめします。

女性をセックス好きにさせる極意

気が、いかにセックスに関係しているかという具体例をお話ししたいと思います。

今や私の代名詞でもあるアダムタッチというフィンガーテクニックは、女性の肌をやさしく触るという簡単な技術ですから、1ヵ月も練習すれば、誰でも私とそう変わらない手の動

きができるようになります。しかし、私が合格点を出した男性受講生から、

「アダムさんに習った通りにアダムタッチをしているつもりなのに、彼女がぜんぜん感じてくれません。何がいけないと思いますか？」

という相談を、たびたび受けます。

傍目《はため》には同じように見えるテクニックも、私と男性受講生が同じモデルさんに試してみると、「ぜんぜん気持ち良さが違います！」という感想になります。

その差は何か？　実は、**どれだけ心のこもった愛撫《あいぶ》をしているかどうか**なのです。

心を込める、つまり気持ちを込めると、その気持ちは、指先から性エネルギーに乗って相手に伝わります。心を込めるほど、相手に伝わる性エネルギーの質量は多くなるのです。その差が、男性よりも遥かに気の変化に敏感な、女性の性感レベルの差となって**如実に表れる**のです。

相手の女性に対する愛情の度合いも大切ですが、見逃せないのが、アダムタッチをしている時の、男性の心理状態です。

たとえば、射精のことが気になっているとか、目の前の彼女がどう感じているかよりも、習った通りにアダムタッチができているかどうかに夢中になっているというケース。

それはまさに「気が散った」状態ですから、せっかくアダムタッチをマスターしても、指

先に愛がこもらず、アダムタッチ**本来の威力が発揮されない**ことになるのです。

難しいのは、ただ強く念じればいい、というほど単純ではないということです。典型的な悪い例が「感じろ！　感じろ！」といった命令形というか強制的な気の込め方です。こうした愛情ややさしさが感じられないイメージも、そのまま相手に伝わりますから、なかなかよい結果に結びつきません。同様に、「大丈夫かな？　ちゃんと習った通りにできてるかな？」と不安を持った状態での愛撫も、その自信のなさや焦りが相手に伝わってしまいます。

ベストは、「気持ちよくなって欲しい」「気持ちよくしてあげたい」という、**思いやり**を持って、変に力まずに、**リラックスして粛々《しゅくしゅく》と行う**ことです。

いい機会ですので、心を込めるという観点から、テクニカルな話もしましょう。

それが「**丁寧な愛撫**」です。

あなたは、女性を愛撫する時、どれほど「丁寧さ」を心がけていますか？

「女性は全身が性感帯」ということは、男性なら誰でも知っていることだと思いますが、この知識をちゃんと実践で生かせている男性が、意外と少ないのです。スクールで、全身へのアダムタッチを学んだ男性でさえ、プライベートになると、「教わったから、とりあえずアチコチ触る」程度で済ませることも少なくありません。これでは、どんなに正しいテクニックを身につけたとしても、意味をなしません。

大切なことは、「全身を、隅々まで、丁寧に愛撫してあげる」という意識です。

一般女性にアンケートを取ると、それなりに経験のある女性でも、「愛撫された覚えのない場所」がいくつも出てきます。背中、膝《ひざ》の裏側、手のひら、足の裏、顔、鎖骨……。これらはほんの一部です。

女性は、**過去に触られたことがない性感帯**を愛撫されるだけでうれしく思います。「あ、私、そんなところが性感帯だったんだ」という**発見がある**からです。ですから、全身を隈《くま》なく愛撫してあげるだけでも、女性は「過去の男性とは違う！」と、高い評価をしてくれるはずですが、話はまだ終わりません。たとえば足の裏を愛撫する場合、足の裏を、「つま先、指の間、指の付け根、土踏まず、かかと、足の側面」と6つに分解して、それぞれ、丁寧に愛撫していきます。スローセックスでは、こうした愛撫を、全身の性感帯に対して行っていくのです。女性はどう感じると思いますか？

感動するのです。

丁寧な愛撫は、女性のカラダに感動という**衝撃的な記憶**を刻むのです。

物理的な快感とはまったく異なる強烈な**「脳への愛撫」**。

痛くても我慢していた。気持ちよくないのにイッたふりをしてきた……。そんな今までのセックスに対する悪いイメージを**吹き飛ばして余りあるインパクト**が、女性のセックス観を様変わりさせます。あえて俗な言い方をすれば、**セックスを大好きにさせる**のです。デートの最中から、いえ、デートの前日から、**あなたとのセックスが待ち遠しくてたまらなくさせる**のです。

心を込めた丁寧な愛撫。その気になれば、誰でも、今すぐ実践できる、「女性を虜《とりこ》にするノウハウ」です。

セックス中に性エネルギーを交流させる呼吸法

実際のセックスで、性エネルギーを交流させる呼吸法をレクチャーします。

おさらいをしておきましょう。性エネルギーの交流にはふたつの意味があります。1点めは、局部に溜まりやすい性エネルギーを、全身に巡らして、射精ゾーン突入を遅らせてくれること。2点めは、互いのカラダを性エネルギーが循環することで、性エネルギーは増幅され、女性はより感じやすい体質に変わり、男性は、これまでに経験したことのない**超大爆発を味わう**ことができるというものです。

交接は、対面上体立位で始めます（第四章で詳述）。さて、ここからです。それまでたっぷりと前戯で盛り上がっているはずですから、男性の体内には、陽の性エネルギーが、女性の体内には陰の性エネルギーが充満しています。肝心なのは、ダイナミックな性エネルギーの交流を**いかに早く発生させる**かです。

大切なのは、イメージです。気はイメージで動くのです。

セックスでの呼吸法

1、ゆっくりと腰を動かしながら、ゆっくりと鼻から息を吸う。目安は、約5秒。最大のポイントは、息を吸う時に、女性の体内にある陰の性エネルギーをペニスで吸い上げるイメージを持つこと。

2、ゆっくりと息を鼻から吐きながら、先ほど吸い上げた性エネルギーを、ペニスから膣《ちつ》に戻していくイメージを持つ。息を吐く長さの目安は約10秒。

3、以上を、何度も繰り返す。

4、もしイキそうになったら、腰の動きを止めて、「射精コントロール呼吸法」と「アナル締め」で回避する。

気を吸い上げる、気を戻すというイメージが最初は難しいかもしれません。私の場合は、最初の頃は、体内に充満している性エネルギーを、「モヤモヤしたあたたかい煙」というイメージで行っていました。慣れてくれれば、特定のイメージを持たなくても、自然と性エネルギーが交流できるようになります。

実は、「セックスでの呼吸法」も、自主トレである程度は要領をつかむことができます。用意していただきたいのは、男女が交接している写真集です。騎乗位で交接している写真がイメージしやすいと思います。

やり方は、今説明したセックスでの呼吸法とまったく同じです。その写真を見ながら、モデルさんから気を吸い上げるイメージで息を吸って、モデルさんに気を送り返すイメージで息を吐くのです。

早漏克服トレーニングの最中に、挟んでいただいてもいいと思います。

性エネルギーを回収し、射精後の疲労度を抑える法

射精は100メートル走をしたのと同じカロリーを消費する、などと言われますが、射精をすると確かに独特の疲労感を覚えます。若い年代の方は、回復力が早く、すぐに復活できるのですが、中高年ともなれば、なかなか疲労が回復せず、場合によっては、次の日の仕事

に差しさわりが出るなんてこともあります。

性エネルギーという言葉で説明しているように、人間の気は、電気と同じ物理的エネルギーです。射精で放出すれば、そのぶんエネルギーがなくなるわけです。だから疲れを覚えるのです。

ここで私から、とくに中高年の男性に朗報があります。

実は、射精によって**放出した性エネルギーを、取り戻す方法がある**のです。

タイミングは、交接でスパークした直後。フィニッシュした体勢をキープして、つまりペニスを挿入した状態のままで、放出した性エネルギーをペニスから取り戻す気持ちで、吸い込むイメージを持ちながら、呼吸法を行ってください。

ポイントは、吸って吐く時間の比率を、5対2にすること。10秒間吸ったら、4秒で吐く、という感じです。こうすることで、射精後の疲労度が**まったく変わってきます**。

この方法には、ひとつ注意点があります。ペニスが完全に萎《な》えてしまうと、ペニスを抜く時にコンドームが膣の中ではずれてしまう危険性があるということです。ですから、ペニスが完全に萎える前に、呼吸法は終えてください。

いろいろな意味で、射精後も「気を抜かない」ことが大切です。

遠隔セックス

女性は気で官能するという話をしましたが、小周天呼吸法をマスターして、気を自在に操れる上級者になると、実際に肌に触れなくても、女性を官能させることができるようになります。信じられないかもしれませんが、「遠隔セックス」は存在します。

私が、本当の意味で、気の凄《すさ》まじいパワーに気がついたのは、超漏を手にした後でした。早漏克服トレーニングに気功のノウハウを取り入れていたので、もちろん気の存在は認識していたわけですが、その時点ではあくまでも自分の体内での気の流れを調整・制御するのが目的で、外部に対して気のエネルギーが影響を与えるとは思ってもみませんでした。

最初のきっかけは、今から10年ほど前のことです。ある日のこと、当時交際していた女性が、服を着たまま抱き合っているだけなのに、**突然官能し始めた**のです。あれっ、これはもしかして？　私は彼女を裸にすると、呼吸法で気を脳に上げて、性エネルギーを送り込むイメージを持って、口からハーッと女性器に向けて気を吹きかけてみました。するとどうでしょう。手も触れていないのに、彼女は私がクリトリスを愛撫している時と同じように息を荒げ身悶《みもだ》えするのです。面白くなった私は、同じことを、距離を置いて試してみました。最初は50センチから。やっぱり官能します。ならばと、1メートル、2メートル……。その日の実験は、3メートルのところで、壁が邪魔をして続けられなくなりましたが、彼女は私がどんなに離れても、**最後まで感じ続けた**のです。

これが遠隔セックス初体験でした。

たぶんもう時効だと思うので、お話ししますが、一度だけ電車の中で、知らない女性に遠隔セックスを試してみたことがあります。相手は、私の前に座っていた30代半ばの品のいい女性でした。居眠りをしているふりを装いながら、密《ひそ》かに、「クリトリスを指で愛撫しているイメージ」を送ったのです。こっそり薄目を開けて彼女を観察していたのですが、だんだん頰《ほお》が紅潮してきて、次第に息遣いが荒くなり、突然、それまではきちんと揃《そろ》えられていた膝が、パカーッと開いてしまったのです。慌てて私は気を送るのを中止しました。電車の中で女性のカラダに直接触ったわけではありませんので、痴漢行為には当たらないと思いますが、それでも若気の至りと猛省しております。もちろん、それ以降は、課外実験はしておりません。

セックススクールを始めたばかりの頃のエピソードに、こんなことがありました。当時は、男性受講生に気の存在を知ってもらうために、モデルさんを相手に、遠隔セックスのデモンストレーションをしていました。私が実際にスクールで受講生にお見せするのは、モデルさんが寝ているベッドから1メートルほど離れたところに立って、手かざしで気を送り、モデルさんをベッドでのた打ち回らせるという行為です。見ているだけでは信じていただけないので、途中で気を送る役を男性受講生にバトンタッチします。一度、官能モードのスイッチが入ったモデルさんは、半信半疑の男性受講生の気でも十分に、官能状態が持続するのです。さて、そんなある日のこと、いつものようにデモンストレーションを終え、男性受講生を送り出した後、ふと気がつくと、モデルさんが、ベッドの上で**官能し続けている**ではありませんか。「先生、どうしよう。官能が止まらないの」。私もこんな経験は初めてです。シャワーを浴びさせたり、ジュースを飲ませたりしましたが、何をやってもカラダはガクガクしっぱなし。官能が止まりません。外の空気に当たればおさまるかもと考え、彼女を近くのレストランに連れ出し、食事することにしました。まったく効果なし。彼女のカラダは絶えず小刻みに痙攣《けいれん》し、時おり、椅子《いす》ごと真後ろに倒れてしまうのではないかと思うほど、カラダをのけ反らせます。

官能の残り火とでも言うべきか、気を送ることを中止しても、フラッシュバック現象のように、突然自分の意思とは関係なく官能を始めてしまう女性は、時々います。実は、とても簡単な対処法があります。**セックスすればいい**のです。気による過剰な官能は、肉体的な刺激、すなわち挿入を伴うセックスでリセットできるのです。

ただし、この時は、なにしろ初めての経験ですので、リセット法を知りません。だいいち知っていたとしても、アルバイトのモデルさんとセックスなどできません。そこで私が取った行動は？　当時全盛期を迎えていたハプニングバーに駆け込んだのです。たいていのハプニングは許されますからね。私も開き直って、夜明けまで遠隔セックスショーを繰り広げました。

本章で紹介した呼吸法やスローセックスを通じて、セックスとは気（性エネルギー）の交流であることが実感できるようになると、パートナーと離れた場所にいても気を感じて気持ちよくなれます。遠隔セックスで女性を官能させるために重要なのは**イメージ力**です。漠然と気を送るのではなく、いかにより具体的なイメージを頭に思い浮かべられるかがポイントです。乳房をアダムタッチしている、クリトリスを指で愛撫している……、なんでも構いません。思い描いた行為が、頭の中でビジュアル化されるようになるまで**右脳をフル活動**させてください。修練を続ければ、暗算の上級者が、「頭にそろばんが浮かぶ」ように、愛撫が映像として浮かぶようになります。私の場合は、頭の中ではなく、目の前に映像が浮かんできます。という話は、一般の人からすれば凄いことに思えるでしょうが、この話のポイントは、私も、そろばんの達人も、決して超能力者などではなく、日々のたゆまぬトレーニングの成果だということです。

本当に気持ちいいセックスをしたいのなら、「セックスもトレーニングが必要」という当たり前のことを、今日からあなたの常識にしてください。

性エネルギーは、離れていても感じるくらいのパワーですから、直接カラダに触れていれば、その効果はなおのことです。全裸で抱き合って挿入している状態なら、もっとダイレクトです。腰を1ミリも動かさなくても、気だけで官能して、女性がイッてしまうことも、スローセックスではちっとも珍しいことではないのです。素晴らしいとは思いませんか。

早漏を克服した後は、ジャンクセックスからも卒業して、あなたもこっちの世界の住人になってください。一日千秋の思いで、その日を楽しみにお待ちしております。

気で思いは必ず伝わる

気をコントロールできるようになると、**女性の気持ちもコントロールできる**ようになる、と言ったら、あなたは信じますか？

「気持ちが伝わる」と言いますが、その気持ちは、いったい人間のどの部分に伝わっているのでしょうか？　脳ですか？　それとも心？

ふだん私たちは、自分の頭で考えて行動したり、何かを選んだり、何かを決定したりしている、と思っています。しかし実際には、はっきりと自覚できる意識だけで行動が決まっているわけではありません。本人が気づいていないだけで、意識のずーっと下にある、「潜在意識」の影響も多分に受けているのです。

「最初は何とも思ってなかったのに、気がついたら好きになっていた」

というのはよく聞く話ですし、実際によくある話です。

自分の思いを相手の意識に訴えるのが言葉だとすれば、言葉ではうまく伝えられない熱い思いを、「潜在意識」に訴えかけるのが、気なのです。

「なんか気が合う」「なんだかわからないけど、この人と一緒にいると気持ちが落ち着く」といったことは、日常生活の中で誰もが経験していることです。「相性が合う」なんて日本語で表現しますが、この相性とは、実は、「気の相性」のことなのです。パーソナルな**「気の波長」が合っているから、一緒にいて心地よい**のです。

さて、ここからが本題ですが、気をコントロールできるようになると、自分の気持ちを「気に乗せて」、**相手の潜在意識に送り込むことができる**ようになります。

たとえば、好意を寄せている女性を自分に振り向かせる、なんてこともできるようになります。性エネルギーの力を借りれば、片思いを両思いに変える、恋の魔法をかけることができるようになるのです。

メソッド自体は、とてもシンプルです。

好きな異性のことを思いながら、**マスターベーションする**のです。気にはさまざまな種類がありますが、中でも性エネルギーは、非常にパワーを持った気です。マスターベーションで高めた性的なエネルギーは、あなたの気持ちを乗せて飛んでいき、相手の潜在意識に思いを伝えます。

やはりこの場合でもイメージがとても重要で、好きな女性と本当にセックスをしている状況を、なるべく具体的にイメージしてください。やさしいキスから始まり、ゆっくりと服を脱がせ、全身にアダムタッチして……。フルコースのスローセックスが、前戯からフィニッシュまでイメージできることが理想的です。ジャンクマスターベーションでは、思いはうまく伝わりません。また、セックスをイメージするわけですが、かといって、好きな女性を性的な対象としか見ていないような想念でもダメです。リアルな恋愛シーンでも、下心丸出しでは、女性にそっぽを向かれるのと同じで、好意、愛情を発しなければいけません。

このマスターベーションを、毎日、一定期間続けてください。目安となるのが21日間です。彼女のほうから話しかけてくれた。急に彼女から電話をくれた。あなたの顔を見てニコッとほほ笑んでくれた。そんな変化が表れたら、好機到来です。迷わず、ためらわずに、**デートに誘って**ください。きっといい返事が待っています。

ただし、この方法が効果を出すためには、ひとつ条件があります。それは相手があなたのことを知っている女性だということ。まったく自分のことを知らない女性に使っても効果はありません。どんなに私が藤原紀香《ふじわらのりか》さんのことを好きでも、効果なしということですね。それから、完全に相手から嫌われている場合もダメです。潜在意識が、気が入ってくるのをシャットアウトしてしまうからです。

信じるか信じないかはあなた次第ですが、私からひとつお願いがあります。この方法を、職業・ホストの男性だけには、絶対に教えないでください。騙《だま》されて泣く女性を、これ以上増やしたくないからです。それくらい、この方法は効果覿面《てきめん》なのです。

第3章　まとめ

・気を自在にコントロールできれば、射精もコントロールできるようになる
・性エネルギーを発しているのは、「指先」「手のひら」「舌先」「性器」の4ヵ所
・増幅した性エネルギーは、ペニス周辺に集まろうとする
・気を溜めるのは、「丹田」「会陰」「仙骨」の3ヵ所
・気を溜める時は、「何気なく、ボーッと意識を置く」のがコツ
・性エネルギーを循環させられれば、いくらでも好きなだけ交接が楽しめる
・愛撫のコツは「心を込める」こと。気が散った状態だと、実力を発揮できない
・カラダに衝撃的な記憶を刻みつける「脳への愛撫」が、女性をセックス好きにさせる

第4章

射精にこだわらない最高の「イク技術」

射精を放棄できれば、もっと気持ちよくなれる

スローセックスにはいくつかの定義がありますが、初級者に一番わかりやすい定義が、「ジャンクセックスと対極をなす行為」というものです。

前戯15分、交接5分の短時間セックス、欲望の処理を目的としたセックス、相手を無視した自分勝手なセックス、イクことイカせることにこだわるセックス。

これらのどれかにひとつでも当てはまれば、それはジャンクセックスです。極端な話、たとえセックスに毎回2時間以上かけていようとも、その男性にとって一番の目的が射精ならジャンクセックスなのです。そうです、今あなたが思った通りです。今日本人がしているセックスは、限りなく百パーセントに近い確率でジャンクセックスだということです。

言葉は見えないものを見えるようにしてくれます。私が、スローセックス、ジャンクセックスという言葉をつくったのは、愛し合って互いに求め合った男女が、気持ちいいはずのセックスで、思うように気持ちよくなれなかったり、またセックスが悩みの種になってしまうのは、間違ったセックスのやり方や価値観に原因があるという事実に、気がついて欲しかったからに他なりません。男性には耳の痛い話になりますが、既存のセックスの間違い

に、いち早く気づいていたのは、一般の女性たちです。

私の提唱するスローセックスが、徐々にではありますが一般の方々に知られるようになってきたことには、「女性たちの共感」がとても大きな要因になっています。事実、約1年前からブログを始めたのですが、読者の9割は女性です。

「アダムさんのブログを読んで初めて、私が夫とのセックスに不満なのは、私たちのセックスがジャンクセックスだったからだとわかりました」

女性たちから、こんな感想メールが毎日のように届きます。

既存のセックスの間違いに気づき、スローセックスの存在を知った彼女たちは、みなさん示し合わせたように同じ行動に出ます。「私もスローセックスで気持ちよくなりたい」と、パートナーにスローセックスのことを話したり、場合によっては私の著書やDVDを自分で購入し、彼氏や夫にプレゼントすることもあります。しかしほとんど、彼女たちのチャレンジは失敗に終わります。なぜでしょうか？　また男性に耳の痛い話をしなければなりません。**彼氏や夫が、激しく抵抗、拒絶する**からです。中には、「もう二度と、アダム徳永なんてヤツの名前を口に出すな！」と激怒する男性もいるようです。

「いろいろがんばってみたけどダメでした。他人からセックスを教わるなんて、男のプライドが許さないようです」

一度の失敗ではあきらめきれない女性たちは、今度は私が女性用に書いた本を購入します。私がその本で紹介している、「女性から男性へのアダムタッチ」や「ペニスの愛撫法《あいぶ》」などをマスターして、身をもってスローセックスの素晴らしさを体験させてあげようと努力するのです。しかし、そうした**涙ぐましい努力さえも実ることは稀《まれ》**です。

彼女たちは、男性がセックスを変えられない原因を「男のプライド」という言葉で分析します。確かにプライドの問題もあるでしょう。類似した意識の問題としては、「セックスは他人から教わるものではない」という間違った固定観念もあるでしょう。しかしそれとは別に、男性が女性からの意見を聞き入れられないのには、性差という根源的な問題が深く関わっていると考えています。

男性にあって、女性にないもの。それが本書のテーマのひとつでもある「射精」です。男性も女性も、同じように「イク」という言葉を使いますが、射精と女性のオーガズムは**決定的に違います**。男性は簡単にイケますが、女性は簡単にはイケません。イキたいと思えばジャンクセックスでもイケる男性と、イキたいのにイケない女性。

女性が感じる既存のセックスの不公平感は、ここにあるのです。女性の性を置き去りにしないこと。その意識がちゃんとあるかないかは、スローセックスの技術をマスターする以前に、人としての「やさしさ」や「思いやり」の問題です。要するに、**女性とセックスをする**

資格があるかないかに関わってくる大問題です。

ただ、「セックスには、やさしさや思いやりが大切」と言っても、漠然としすぎていて真意が伝わりません。ですから私は、男性受講生たちには、「射精の放棄」「前戯は、最低でも30分以上」と具体的に説明しています。

と言うと、スローセックスに「男性が女性にひたすら奉仕するセックス」というイメージを持つ方がいらっしゃいます。**まったくの誤解**です。

私が出演する教材用DVDをご覧になった方はご存じかと思いますが、私はフィニッシュの時、「オオオオオーーー！」と、雄叫《おたけ》びをあげます。これは演技ではありません。プライベートでも同じです。私と初めてセックスした女性は、あまりの声の大きさに、みなさんビックリされます。自然と大きな声が出てしまうのです。それくらい、**射精が気持ちいい**のです。しかも、快感が20秒以上続くことも珍しくありません。

あなたにそんな経験がありますか？　ないはずです。一般男性にとって射精の快感とは、声が出たとしても、せいぜい「ウッ」程度。それも一瞬の快感です。

快感の差は、射精の直前までに、体内に蓄積された性エネルギー量の差なのです。射精へのこだわりを捨て、射精から解放されて、互いに感じることを楽しむセックスを続けることで、性エネルギーの交流が発生し、**性エネルギーは増幅**されます。すると、今まで経験したことのない、「気持ちいい」なんて言葉では表せないほどの、**超絶的な大爆発**をあなたも体験することができるのです。

早漏を克服すれば、ただみじめな思いをしないで済むだけではなく、ただ男のプライドを満足させるだけではなく、ただ女性を満足させるだけではなく、**あなた自身が、今までの何倍も何十倍も、セックスで気持ちよくなること**ができます。

射精にこだわらないセックスをあなたの当たり前にすることで、今のあなたには想像もできない、最高の「**イク技術**」を獲得できるのです。

そして早漏を克服することが、何より、射精から解放される近道なのです。

セックスは「知的でクリエイティブな行為」

一言で「射精から解放されましょう」と言っても、それは口で言うほど簡単ではありません。何といっても「射精したい」という気持ちは、男性の本能的欲求ですから。けれども、射精にこだわり続ける限り、私がセックスのたびに経験しているような、自然と雄叫びが出るような大爆発を経験することは不可能ですし、多くの男性が夢見る、「もうあなたから離れられない」と女性に言わせるようなテクニシャンになることも無理です。

人は性欲があるからセックスをします。性欲がセックスのスタートラインにあるのは自明であり、そこは否定されるものではありません。問題なのは、ほとんどの男性が、スタートラインで止まったままでいることなのです。

食欲で考えてみましょう。赤ちゃんは、本当に食欲旺盛《おうせい》です。手にしたものは、とりあえず何でも口に入れてみようとします。お腹がすくと、大声で泣いて親を困らせます。満腹になると、それまで泣いていたのがウソのようにニコニコ笑って、笑ったかと思うと、すやすや寝てしまう。そして目が覚めた途端に、泣いておっぱいをねだります。腹ペコか満腹か？　これが食欲のスタートラインです。しかし、成長するにつれ、味覚へのこだわりが出てきます。いろいろな物を食べ比べることで味覚は磨かれ、量から質へと、変化していきます。美《お》味《い》しいか不味《まず》いかだけではなく、誰と食べるか？　盛りつけはどうか？　お店の雰囲気はどうか？　健康への配慮やテーブルマナー、交わす会話など、総合的な意味で、子どもの頃とはまったく違う食の楽しみ方へと進化していきます。

セックスも同じで、**進化しなければいけません**。そのためには、原始的な性欲から距離を置いて、**理性でセックスを捉える**ことが肝要なのです。セックスには、生殖という目的と、快感や喜びといったカラダと心の心地よさを通じて、愛の絆《きずな》を深めるための行為というふたつの目的がありますが、このふたつが混同されて曖昧《あいまい》になってしまってはいないでしょうか？　今、性欲に支配されている射精欲から解放されるには、まずは、両者をはっきり分けて考えることが、最初の一歩になります。

その手助けになると思うのが、私が生殖行為の対語として提言している「愛の行為」という概念です。

男性は気に入った女性とセックスしたい時、都合よく「愛している」という言葉を使います。女性はその言葉を信じて、男性にカラダを開く。しかし、肝心のセックスに女性が求める「愛」が圧倒的に足りない。愛し合うカップルの間で、セックスの悩みやトラブルが尽きない最大の原因は、ここにあるのです。

愛とは何か？　愛とは、**「愛する」**ことです。愛するから**「愛される」**のです。この順番が逆になってしまっている人が、今は本当に多いと思います。

では、愛するとは何か？　それは「相手を喜ばせてあげたい」という純粋な真心です。もっと簡単な日本語を使えば、「気配り」です。自分が気持ちよくなるためにするセックスと、女性を気持ちよくさせてあげようと思ってするセックスでは、見た目に大きな差はないとしても、その結果や、女性からの評価には**雲泥の差が出る**のです。

このシンプルな真理を多くの男性に伝えたくて、私は、これまで著書や自身のブログで、過去のテクニック指南書には例を見ないほど、「愛」という文字を多用してきました。それは、とかくテクニックにこだわる一般男性が、私が考案した画期的なテクニックのフィジカルな部分だけをなぞって終わりにして欲しくないからです。

「テクニックを身につけて自信を持ちたい」「テクニシャンになって女性をイカせたい」という欲望は、男性なら誰でも持っています。男性がセックステクニックに興味を持つのはとても自然なことです。けれどもその習性は、ともすればテクニック至上主義に陥らせ、真のテクニシャンには必要不可欠な「愛」の重大さをうっかり忘れさせてしまいます。

愛という言葉に照れくささを感じる男性には、別の言い方をしましょう。一般男性が考えている以上に、セックスは「**知的でクリエイティブな行為**である」と。

セックスは女性を愛する行為なのです。愛されたいではなく、「愛したい」。気持ちよくなりたいではなく、「気持ちよくしてあげたい」。

セックスは愛の行為です。そのように、意識をシフトしてください。自然と愛撫がやさしくなり、女性の反応が変わってきます。女性の反応がよくなれば、理屈抜きで、女性を愛撫するのが**楽しくて仕方なくなってきます**。すると女性はもっとあなたに**官能美を見せてくれます**。この好循環が起こせれば、自然と、射精へのこだわりはなくなっていくのです。

長持ちするための下準備

たった3分から、5分、10分と持続力を伸ばしていくことは、割と簡単です。オイルを使って亀頭を何度も何度も擦《こす》るトレーニングをちゃんと毎日継続していけば、自然と快感に耐えられる脳神経が形成されていくからです。けれども、気を自在にコントロールできるようになるには、ワンランク上の努力とそれなりの時間が必要となります。

しかし、トレーニングが初期の段階であっても、

「射精は、気のスパークである」

「気を分散させれば、射精は起こりにくくなる」

という認識が備わった今は、前戯のやり方を工夫することで、ある程度の**「長持ち力」を手にする**ことが可能となります。えっ、信じられませんか? 超早漏の私が、濃厚なキスが好きな女性とのセックスで偶然味わった長持ち体験のエピソードを思い出してください。そうです、あの時の私と同じ状況をつくり出せば、あなたも同じ体験ができるのです。

キスの体勢の工夫

ベッドの上に横になってキスする時、一般的には仰向けの女性の横に男性が添い寝する体勢になります。右利きの男性なら、女性の右サイドにポジションを取るのが普通です。さて、ここからひと工夫です。

男性は仰向けの女性の上にカラダを重ねて密着させてください。なるべく女性のカラダとの接触面積を増やすことで、性エネルギーの循環が起こりやすくなるからです。ポイントは、**男性の丹田と女性の丹田、男性の胸と女性の胸を、とくに意識して密着させる**こと。もう説明は不要だと思いますが、丹田は性エネルギーが溜《た》まりやすい場所であり、同様に胸も、性エネルギーを交流しやすい場所なのです。キスの方法も重要です。舌先と舌先を遊ばせるようなキスを心がけてください。実は、舌の先端は、とくに性エネルギーを伝達しやすい部分なのです。舌を使うキスの中でも、とくにおすすめしたいのは、私が考案した7種類のレインボーキスのひとつである、「ペニスキス」です。

ペニスキスのやり方

女性の舌をペニスに、男性の口を膣《ちつ》に見立てて、女性は男性の口の中に舌を挿入し、男性はその舌を、口をすぼめて吸うように愛撫します。要するに、舌と口で行うバーチャルセックスです。ふだんは挿入される側の女性が挿入する側に、挿入する側の男性が挿入される側になる倒錯感が、性的興奮を高め、性エネルギーを増幅させてくれます。立場を交互に入れ替えて行うのも、とても刺激的です。ペニスキスを楽しむための、簡単なコツがあります。それは、舌を挿入する際、**舌先の力を抜いて、なるべく柔らかくする**こと。生レバーのようなトロッとした食感が理想です。交接ではペニスは硬いほど女性に喜ばれますが、ペニスキスでのバーチャルペニスは、柔らかいほど、えも言われぬ**エロティックな感情を喚起する**のです。

この体勢でキスをすると、口と口、丹田と丹田、胸と胸の間を、性エネルギーがぐるぐると循環して、局部への一極集中を緩和してくれます。この体勢を取る時、自分の全体重が女性にかからないように、男性は左右のひじをベッドについて、自分の体重を支えてください。

手と手をつなぐ

スローセックスでは、アダムタッチで本格的な性感愛撫をする前に、「パームタッチ」というマッサージを行います。パームとは手のひらという意味で、その名の通り手のひらを使った愛撫法です。パームタッチは、非常にリラックス効果の高いハンドテクニックで、女性の心の緊張を解き、**感じやすいカラダづくりの準備として最適**です。やり方はとても簡単で、右手を広げ、手のひら全体が女性の肌に密着するように置いて、秒速10センチのスピードで楕円形を描くようにマッサージします。ポイントは密着度。スクールでは、「手のひらが吸盤になったようなイメージ」と説明しています。

さて、このパームタッチの実践には、**とっておきのひと工夫**があります。まず、女性にうつ伏せになってもらい、背中全体にベビーパウダーをふりかけ、愛撫を開始しますが、この時、男性は、自分の左手で女性の左手を、握手をするように握ってください。手と手を結ぶことによって、「回路」がつながり、性エネルギーの交流が**格段と促進**されます。

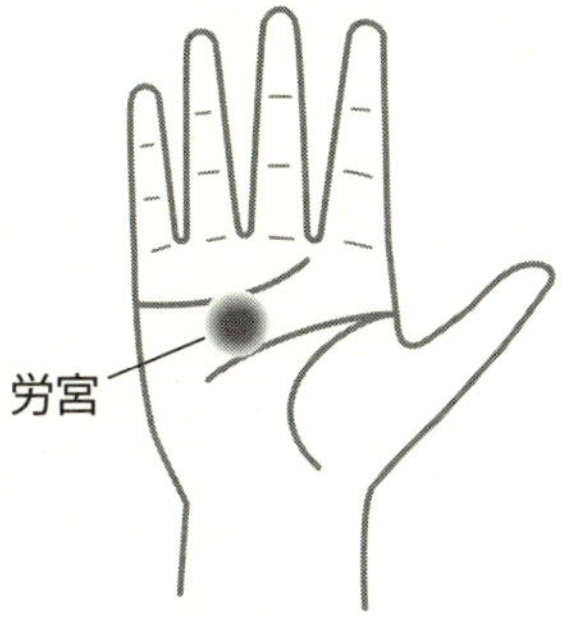

労宮の位置

労宮をつなぐ

手と手をつなぐ際に、とても大切なポイントがあります。実は、手のひらには、「労宮《ろうきゅう》」と呼ばれる、性エネルギーが出入りするツボがあるのです。労宮の位置は、手のひらのほぼ中央部、薬指と小指の間から真下に線をおろして感情線とぶつかる部分です。人間のカラダとは本当に不思議なものだと思うのですが、何も意識しないで握手をしても、**自然と労宮と労宮は重なり合う**のです。私は無宗教ですが、こんな時、つい神様の存在を信じたくなります。さて気を動かすために重要なことは、気が動いているという想念です。確かに労宮は意識しないでも自然と重なり合うのですが、互いの労宮がつながっていて、その場所で性エネルギーの交流がまさに行われているのだというイメージを持つことで、さらに性エネルギーの交流は活発になります。

性エネルギーの交流という、まだ馴染《なじ》みのない表現があることで、難しく感じられる方もいらっしゃるかと思いますが、実際にやっていただくことは、「女性とカラダを重ねて密着させる」「手を握る」といった、**テクニックとも呼べない簡単なこと**です。理論やメカニズムを頭で理解することは大切ですが、まずは、実際に試して、その効果を肌で実感して欲しいと思います。私もそうでした。最初は、理論は後からついてくる、くらいの軽い感覚で大丈夫なのです。一番大切なのは、小さな成功体験をひとつでもふたつでも増やしていくことなのですから。

ぜひ今夜、お試しになってみてください。

正常位は危険な「射精位」

一般男性に、「一番よく使う体位はなんですか？」という質問をすると、ほぼ百パーセントの確率で「正常位」という答えが返ってきます。一方で女性に「一番好きな体位は？」と聞いた場合も、正常位派が圧倒的多数を占めます。この結果に多くの人は納得するのでしょうが、実は、もっともポピュラーな体位として親しまれている**正常位こそ、日本人の交接時間を短くしている大きな原因**です。

ちなみに、英語で正常位は、missionary position（宣教師ポジション）と言います。15世紀から17世紀前半にかけての大航海時代、スペインやポルトガルなどの列強が南米大陸の各国・地域を侵略するに当たって、制圧した土地でキリスト教を浸透させていきました。その過程で、原住民たちが親しんでいた後背位系のセックススタイルが「動物的すぎる」と問題視され、宣教師が「より人間らしい体位」として、正常位以外の体位を禁止したことが、その語源です。

西洋化の波が押し寄せた文明開化の時代、先の大戦後のアメリカ化の波、日本の近代史におけるふたつのターニングポイントの前後に、日本人のセックススタイルにどのような変化がもたらされたのか、詳しく知るものではありませんが、少なくとも、誰からもセックスを教わっていない現代の日本人が、正常位で始まり正常位で終わるセックスに何の疑問を持つこともなく、それが普通で当たり前になっていることが、**大間違い**なのです。

何を隠そう、数ある体位の中で、**もっとも早漏になりやすいのが正常位**なのです。

最大の原因は、第二章で解説した、交感神経と副交感神経の関係にあります。正常位の時、男性の上体は大きく前に傾きます。前傾姿勢は、神経を過敏にする交感神経が優位に立つため、膣との摩擦による刺激にペニスが敏感になります。また男性は、「目で興奮する」と言われるように、性的な情報に対して、五感の中でもとくに〝視覚〟の影響を受けやすい性質があります。正常位では、女性の感じている顔や、豊かな乳房の膨らみなど、大量の性的視覚情報を獲得できる代わりに、**興奮のコントロールが非常に困難な状態に陥りやすくなる**のです。しかも、正常位は男性が腰を自由に動かすにはもってこいの体位です。

これだけ射精の条件が整えば、一般的な持続力の持ち主でも、**短時間で射精ゾーンに突入**してしまいます。ましてや、早漏気味の男性がセックスを正常位から始めるなど、まさに自爆行為です。

そんなリスキーな体位を、正常位などと呼んでいることがそもそも非常識なのです。

以上の理由から、スクールでは、正常位はフィニッシュ体位と位置づけ、交接のスタートでの使用を固く禁じています。

正常位は「射精位」だという認識を新たにしてください。

長持ちする体位

同じ性能のペニスでも、正しい知識のもと、ほんの少し体位を工夫するだけで、その持続力は**驚くほど変化**します。

そこでここでは、少しでも長持ちさせたい初級者はもちろん、中級者や上級者になってからも、ふんだんに活用できるスローセックス御用達体位を4つ紹介します。

本書の最終的な目標は、あなたに射精を自在にコントロールできる「超漏」を手に入れていただくことですが、何も自主トレだけが早漏克服の手段ではありません。運転免許スクールにだって路上教習があります。路上には危険もありますが、それ以上に新たな発見があります。なによりも、ちゃんと路上でも運転できたという体験は、大きな自信につながります。これから紹介する4つの体位を実践すれば、3分だった人は5分以上に、5分だった人は10分以上の交接がすぐにでも可能になります。「あれっ、こんなことで長持ちできるんだ」と、長持ち体位の効能をご自身のカラダで実感してください。そして、あなたが今まで過小評価しすぎていた、自分の本当の実力を再査定してください。

自主トレの成果が徐々に出始めてきたなと思えるようになったら、「まだ早すぎる?」なんて変に心配しないで、果敢に路上教習を交ぜていきましょう。愛する彼女と一緒に自主トレの成果を確認していくことで、ふたりの絆も深まります。

対面上体立位

なにごとも最初が肝心とよく言いますが、交接も、挿入時にどんな体位を用いるかで、その後を大きく左右します。私が、セックスのスタート体位として奨励しているのが、「対面上体立位」です。聞きなれない体位と思われるのも無理ありません。この体位の名称がなかったので、私が命名しました。聞きなれないからといっても、決して難しい体位ではありません。簡単に言えば、いわゆる正常位の体勢から、男性の上体をベッドに対して垂直に起こした形です。「エッ、たったそれだけ?」と思いましたよね。そうです、**たったそれだけの違い**です。いつもの前傾姿勢が垂直になっただけ。角度にして30度あるかないかの違いです。もっと言えば、あなたもこれまでに交接の流れの中で、今私が説明した体位になったことが何度もあるはずです。しかし、当然ながら今までのあなたは、その体位を対面上体立位だとは意識していないし、その体位が長持ち体位だとは思ってもみなかったはず。体勢の差、認識・知識の差。たったそれだけの差が、**下半身の環境に大きな変化をもたらす**のです。

男性の上体が垂直になると何が変わるか？　実は、交感神経と副交感神経が**ニュートラルな状態になる**のです。この自律神経の平衡化によって、過度な興奮が抑えられ、早漏気味の男性でも、射精のタイミングをある程度はコントロールできるようになるのです。それがひとつ。そしてもうひとつ。試していただければすぐにわかりますが、この体位は、激しくピストン運動するには不向きな体位です。したがって自然と下半身の暴走を食い止めることができるのです。

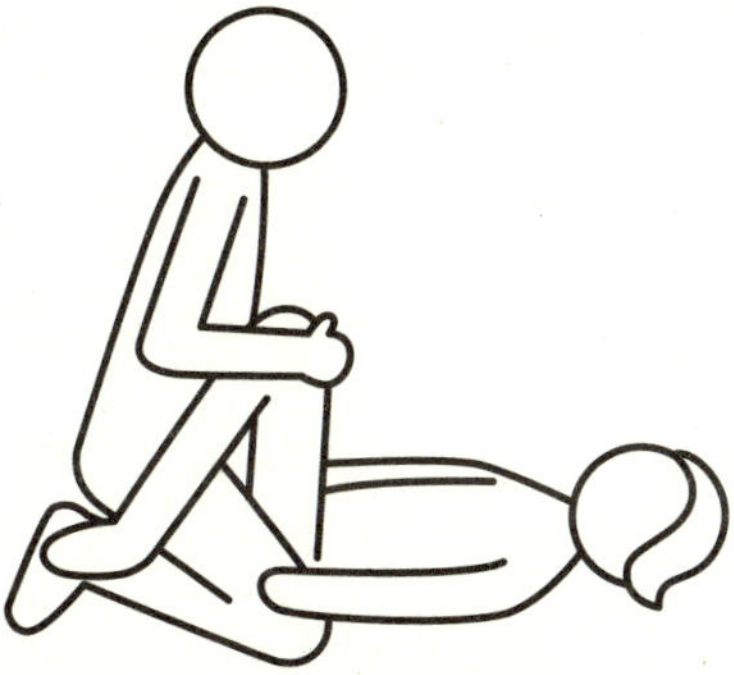

対面上体立位

射精欲に執着し、なおかつ、「女性も激しいピストン運動を望んでいる」と誤解している男性は、正常位に限らず、どんな体位だろうと、無意識のうちに腰を激しく動かせる姿勢を探しがちですが、しかしこれが間違いのもと。ゆったりとした交接が生み出す淡い官能を味わうことにこそ、交接の真の醍醐味《だいごみ》があるのです。

腰を自由に動かせないなんて物足りなくて、セックスした気になれない？　ならばハッキリ申し上げます。一般女性のほうこそ、交接時間の短さに**物足りなさを感じている**のです。

ちょっと言葉が過ぎましたが、それもあなたに意識改革を促したいが故とご容赦くださ い。何度も言うように、射精は性エネルギーのスパーク現象です。性エネルギーの交流が起きれば、局部の性エネルギーが自然と全身に分散され、射精は抑制されるのです。今までは、性エネルギーの交流が始まる前に射精欲をもよおしたがために、射精ゾーンへの突入を回避できなかったのです。このメカニズムを理解してください。要するに、射精が抑制される体位で、一定の時間以上、つまり性エネルギーの交流が始まるまで交接を続けることさえできれば、「アレッ、オレってこんなにがんばれたっけ？」と、**自分でも不思議なくらい、**ペニスは耐久力を備えるのです。

私はあなたに、一刻も早く、理屈ではなく、この体験をしてもらいたいのです。

挿入後、ちょっとしたポイントがあります。それは、ちょっとの間でいいので（2～3分。できれば5分）、腰を静止させたままでいること。ピストンしたい気持ちを我慢して、愛する女性との一体感を楽しんでください。それが、**性エネルギーを交流させるコツ**です。

性エネルギーは、「動」よりも「静」の時に交流しやすい性質があるからです。そして、今までどこ「物理的快感」から「気の交流」へパラダイムシフトをしてください。

かに置き忘れていた可能性のカギを見つけてください。

ちょっとの我慢です。早漏を克服して長時間交接ができるようになれば、激しいピストン運動など、いつでも好きなだけできるようになるのですから。

対面座位

4つの長持ち体位の中でも、ザ・スローセックスと呼んでもいいほど**理想的な体位**が、「対面座位」です。

対面座位は、男性の上体が垂直に起きています。この姿勢は、自律神経の交感神経と副交感神経がニュートラルな関係を保つため、興奮が抑えられて、射精のスイッチが入りにくくなります。また、腰を激しく動かしづらい体位ですので、射精に突進してしまうこともなく、ゆったりとペニスによる膣の愛撫を行うことが可能です。

対面座位は、抱き合う姿勢でお互いの体を支え合うので、疲れにくいというメリットもあります。これは長時間交接を実践するうえでとても重要な要素です。

さらにこの体位の素晴らしいところは、顔と顔が向き合っているため、キスや会話といった愛のコミュニケーションが自由に楽しめるということ。

あらゆる観点から、対面座位はスローセックスに**最適な体位**なのです。

対面座位

こういう説明を聞いた後でも、ジャンクセックスの毒がカラダに回っている男性は、「キスや会話なんかしてる暇があったら、ガンガン腰を動かしたい」と思うかもしれません。ですが、烈《はげ》しいピストン運動で得られるのは、スキンとスキンの摩擦による物理的快感だけです。それも、短時間で終わってしまう**単純で短絡的な快感**にすぎません。

断っておきますが、神秘的という形容詞がピッタリの、男性よりも遥《はる》かに複雑な女性のカラダには、単純な物理的刺激だけでは十分な官能を与えてあげることは叶《かな》いません。

対面座位の最大の利点は、男女が抱き合う体位であること。男性から愛されている実感を欲しがる女性は、性器だけでなく、肌を密着させることを望みます。女性は、セックスで気持ちよくなればなるほど、**男性にしがみついてくる**という習性があるのです。愛する男性との一体感を求める女性の、根源的欲求が満たされるために、激しいスキンとスキンの摩擦がなくても、女性は十分に快感と満足感を得られるのです。

そして、カラダとカラダの密着度が高いということは、そのぶん、性エネルギーの交流が促進されるということです。

性エネルギーの交流にピッタリの腰使いをふたつレクチャーします。

ひとつめが「揺らし」。ペニスの根元を支点として、前後左右にゆったりと揺らします。**波間に浮かぶ船が揺れる**ようなイメージで、ペニスと膣の穏やかな触れ合いを楽しみましょう。注意点は、腰だけ動かそうとしないこと。男性は左手を女性のカラダの後ろにまわして、肩甲骨付近に手を当ててカラダを抱き寄せ、密着したまま一緒に上半身全体を動かすようにしましょう。

ふたつめが、揺らしの応用編である「ローリング」です。揺らしと同じ要領で女性の上半身をサポートして、**右回りに回転**させます。科学的に説明することはできないのですが、「気のエネルギーは左回りよりも右回りのほうが強くなる」という法則は、私が経験則から導き出した、自然界の摂理とも言える真理です。動かすスピードはゆったりとしていますが、動かす大きさ（体の傾き）は、ダイナミックにしましょう。

ひたすら腰を振っていた頃には味わえなかったような、体の芯《しん》からジワーッと淡い快感がこみ上げてくる、まさに遠赤外線効果のような深い官能を満喫して、「セックス＝ピストン運動」という毒を抜いてください。

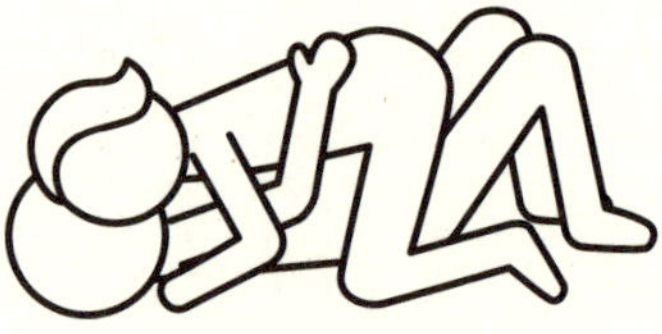

抱え騎乗位

抱え騎乗位

「抱え騎乗位」とは、いわゆる騎乗位の形から、女性の上体を男性が自分のほうに引き寄せるようにして倒し、互いに抱擁する体勢を取った形です。

仰向けの姿勢は、副交感神経が優位に立つため、**人間が一番リラックスできる体勢**なのです。ヨガでは「屍《しかばね》のポーズ」と呼ばれています。では、同じ仰向けなのに、騎乗位ではなく抱え騎乗位なのはなぜか？

両者の最大の違いは、**主導権の主**です。一般的な騎乗位では、上になっている女性に主導権があります。そのため、主導権を持つ女性がいったん本気モードに入ってしまうと、男性が「待った」をかけるタイミングを失ってしまい、たとえ副交感神経が優位に立っているとはいえ、女性に「イカされる」危険性が高くなってしまうのです。

ですから、ペニスの持久力に自信のない男性は、女性が主導権を握る騎乗位の時間をなるべく少なくするために、一刻も早く女性のカラダを引き寄せて、抱え騎乗位に持ち込みましょう。この体位は女性が上でありながら、女性は腰を動かしづらく、主導権は男性にあるのです。男性のリードで、下からゆったりと突き上げるようにピストン運動を行ってください。この体位では挿入が浅くなるため、ちょうど亀頭のエッジ部分で、膣口付近を刺激するのに適しています。腰の動かし方のポイントは、亀頭のエッジで膣口を〝圧迫〟するようなイメージを持つといいでしょう。

股交差側位

「股交差側位」とは、女性の左脚を男性が両脚で挟むように交接するスタイルです。一見アクロバティックに思えますが、女性は片脚を開脚するだけですから、カラダの硬い女性でも簡単にできます。見た目以上に局部を密着させやすく、**深い挿入を楽しめます**。

この体位の最大のメリットは、ふたりとも横になっているため、互いにゆったりとした気分で交接が行えるということ。また、私の実践経験からも言えることですが、とても**呼吸法が行いやすい**のです。というのも、女性と顔の距離が離れているため、女性に呼吸法をしていることを悟られる心配が少なく、イキそうになったら、いつでも呼吸法で射精ゾーン突入を回避することができます。ぜひ、取り入れて欲しい体位です。

また、トレーニングを開始したばかりの頃は、「どうしても我慢できない」という状況が

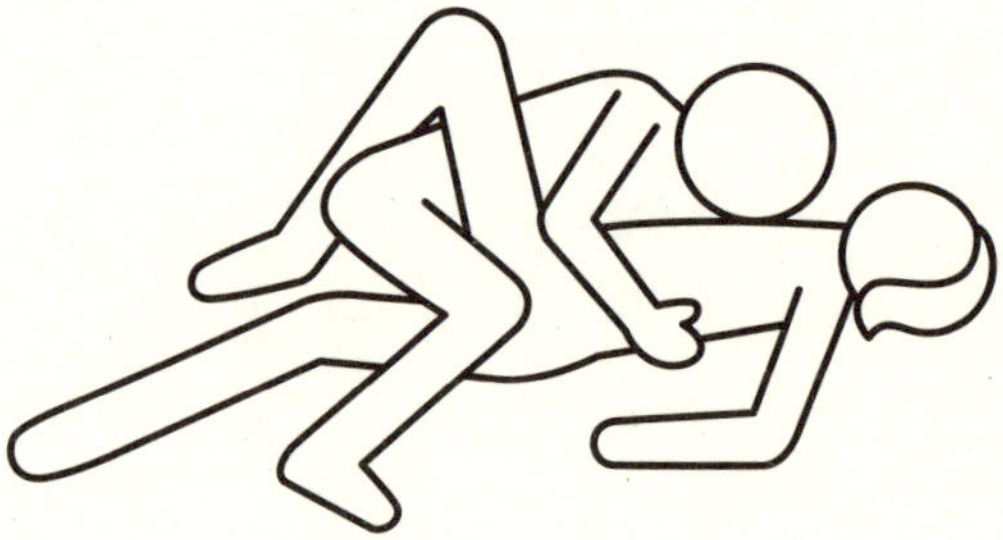

股交差側位

たびたび訪れます。それは仕方のないこととしても、そのたびに「あー、もういいや、出しちゃえ」と、欲望に負けて射精していては、トレーニングの意味をなしません。

そこで、ワンポイントアドバイス。そんな時、実際に私がやっていた対処法を伝授します。

まずは、ペニスを抜きます。ここまでは一般男性も行っているかもしれません。私の場合は、**トイレに行く**のです。そしておしっこをします。なぜか？

交接で気の交流を行うと、興奮が高まり、それで我慢できなくなるのですが、その時、肉体的にも変化が起きています。それは、「局部が熱を持つ」という現象です。「性エネルギー＝熱エネルギー」と言っていいくらい、カラダが熱くなってくるのです。そしてその熱は最終的に局部に籠《こも》るのですが、おしっこをすることで、体内から熱を出すことができるのです。

おしっこの後に、さらにもうひと手間。水道水で湿らせたタオルで、局部、額、首の3ヵ所を、冷やしてください。カラダを冷ますことで、**興奮も冷ます**ことができます。

いつも途中でトイレに立つのは女性に対して失礼ですが、トレーニング期間中、どうしても我慢できない時は、この方法を試してみてください。即効性があります。

スローセックスの「誤解」とワンポイントセックス

スローという語感から、「スローセックス＝長時間セックス」という連想をされる方が少なくありませんが、それは誤解です。雑誌の取材などがあると、ついリップサービスで、「セックスに3時間以上かけるのは日常茶飯事」などとコメントしてしまう私もいけないのですが、常に長い時間セックスをすることがスローセックスではありません。時間をキーワードにスローセックスを定義するなら、「**時間に縛られないセックス**」とでも言えるでしょうか。

そもそもスローセックスとは、巷《ちまた》に蔓延《まんえん》するジャンクセックスに対するアンチテーゼとしてつくり出した造語です。私が否定しているのは、女性の性を置き去りにする**男性本位のセックス**です。もしも「正しいセックス＝常に3時間以上のセックス」と言うのなら、忙しい現代人のカップルには、まったくマッチしないセックス指南となってしまうでしょう。

私がスローセックスという言葉を使って、日本人男性に伝えたいことのひとつは、今みなさんが、「これが普通のセックス」と思い込んでいる行為の中には、**間違いや非常識なことが、たくさんある**ということなのです。

たとえば、一般男性の多くは、「女性を感じさせること」が、いいセックスだと思っています。もちろん、男たるもの、女性を満足させなければいけません。しかし、「オレのテクニックでイカせてやる！」と息巻く男性は、ひとつ重大な忘れ物をしています。それは、**女性を「感じやすい体質に変えてあげる」という意識とそのための技術**です。

また、ほとんどの男性は、セックスはベッドの上から始まると考えていますが、**ベッドの前からセックスは始まっている**という認識に基づくのがスローセックスです。実際、私と普通に食事をしたり、映画を見たりしているだけで、下着が濡《ぬ》れるほど官能してしまう女性も珍しくありません。私がデートの最中に、いやらしい言葉を連発しているわけでも、女性のカラダを触りまくっているわけでもありません。性感脳が開かれた女性は、たとえば心から相手を褒《ほ》める、たとえばやさしい気遣いで接する、ただそれだけで、カラダに触れなくても性エネルギーの交流が始まり、デートの後の展開に胸ときめかせ、**淡い官能モードに入る**のです。

ことのついでに申し上げれば、女性は「感じるから」濡れるというのも誤解です。女性は、「期待と興奮」で濡れるのです。

ですから私の場合、ホテルに入るやいなや、**いきなり交接から入る**こともあります。それが自然だからです。デートの段階で事実上前戯が終わっている女性に、ホテルに入って、またベッドの上で、マニュアル通りに一から前戯をし直すなんて、それこそ**空気の読めない男**です。

なんて話をすると、「スローセックスのアダムさんが⁉」と驚かれるのですが、セックスはみなさんが考える以上にもっと自由でいいのです。

自由と言えば、「射精をしなければセックスは終わらない」という考えも、セックスから自由を奪っている悪しき固定観念です。もちろん、女性も射精を望むなら、男性としては相手の期待にちゃんと応《こた》えてあげなければいけません。しかし、理想的なセックスとは、**互いが時間を忘れ、時間の許す限り、心ゆくまで快感を貪《むさぼ》り、喜びを分かち合う**ことです。勘違いしないで欲しいのですが、私は射精をするのがいけないと言っているのではありません。射精に必要以上にこだわることや、射精があたかもセックスの「区切り」になってしまっていることが、自由にセックスを楽しめない、**手かせ足かせになっている**ことに言及したいのです。

実際、私の場合は、セックスで射精することは、3回に1回あれば多いほうです。目の前で繰り広げられる、愛する女性の「官能美を堪能《たんのう》する」という最高の喜びに比べれば、一瞬の快感で終わる射精など、小さなことにすぎません。

前戯なしの交接、射精なしの交接。どちらもれっきとしたスローセックスです。

前戯なし射精なしの交接のことを、私は「ワンポイントセックス」と命名しました。

「セックスしたいけれど、明日の仕事のことを考えるとたっぷり時間が取れない」

そんな、忙しい現代人には、ピッタリのセックスだと思います。休日は、時間をかけてフルコースのスローセックス、忙しい時はワンポイントセックス。そんな感じで気楽に構えることで、また違ったセックスとの付き合い方も発見できますし、セックスレスの予防にもつながります。

そして何よりも、射精から解放されることが、どれほどセックスの奥深さに触れることになるのかは、実際に体験してもらうしかありません。

ワンポイントセックスはさまざまなシチュエーションで楽しむことが可能ですが、今回は、今私がハマっているおすすめのワンポイントセックスをふたつご紹介したいと思います。

モーニングセックス

とくに30代以上のカップルにおすすめしたいのが、「モーニングセックス」です。

その名の通りタイミングは早朝。「朝立ち」を有効活用して、隣でまどろんでいるパートナーの下着を脱がせて、側位で挿入します。挿入をスムーズに行うために、潤滑油としてのマッサージオイルを必ず使用してください。挿入はゆっくりと。激しいピストン運動はしません。一番の目的は、「一体感を楽しむ」ことです。腰を動かすというよりも、奥様を抱きしめて、たゆたうようにカラダを揺らす程度の微妙な動きをメインにします。これだけでも性エネルギーの交流が起こり、奥様も淡い官能を示すようになるはず。そしてここからが大切なのですが、**最後まで淡い官能を楽しんでください**。つまり、**絶頂や射精を目指さない**ということ。ここが、若年層のカップルにありがちな、若い彼が朝のムラムラをストレートにぶつけて、彼女をマスターベーションの道具にしてしまうジャンクセックスとの大きな違いです。

熟年男性の場合は、射精をすると逆に疲れてしまうこともあります。射精をしない代わりに、奥様から「その日の活力をもらう」ような感覚で、実践してみてください。

「前戯→挿入→射精」という固定観念の呪縛《じゅばく》から自由になれるのも、中高年男性の特権ではないでしょうか。

連ドラ・セックス

私は、プライベートのセックスではあまり射精をしないという話をしました。

さて、セックスで射精をしないと、どうなると思いますか？　一言で言えば、**次のセックスまで、セックスが続く**のです。射精をしないと、セックスで造った性エネルギーがそのまま体内に蓄えられることになります。したがって次回のセックスは、より高い性的欲求と感度をキープしたままの状態で、続きのセックスが始まります。当然、セックスの内容も濃くなり、**自然と満足度もアップ**します。連続テレビドラマを見ているような感覚、とでも言えばいいでしょうか。前回のセックスの余韻が残っているため、ドラマの続きが気になるような感じで、次のセックスが待ち遠しくなります。

私は、射精をしないセックスを続けることを、「連ドラ・セックス」と命名し、とくに中高年男性に推奨しています。連ドラ・セックスの最大のメリットは、性エネルギーを貯金していくことで、若い頃のような、猛々しい性欲をずっと保持することができるということです。男性が毎回、高いモチベーションでセックスに臨めることは、女性側にとっても、とてもうれしいことです。

連ドラ・セックスの具体的な楽しみ方のひとつが、２時間、３時間かけて行うフルコースのセックスを、数回に分けて行うという方法です。

たとえば、最初の日は、キスをメインにした前戯。次の日は、クンニやフェラチオなどオーラルが中心のセックス。3日めは、前戯はほどほどにして、交接をたっぷり楽しむ。といった感じです。3日めの交接でも、必ず射精しなければいけないなんて決まりはありません。「射精しなければセックスは終わらない」という既成概念のほうがおかしいのであって、お互いが「射精」や「イク」にこだわらず、**純粋にセックスを楽しむ**ことを目的にすれば、**変なプレッシャーやストレスからも解放**されます。


年齢や体力の変化に伴って、仕事のやり方が変わっていくように、セックスも進化させていくことが、いつまでも楽しむための方策です。

ぜひ愛する女性と、あなたオリジナルの連続ドラマをつくってください。

第4章 まとめ

・早漏を克服することで、今までの何倍も何十倍も、セックスが気持ちよくなる「イク技術」を獲得できる
・セックスは「知的でクリエイティブな行為」である
・もっともポピュラーな「正常位」が、交接時間を短くしている
・女性の多くは、交接時間の短さに物足りなさを感じている
・理想的なセックスは、互いが時間を忘れ、時間の許す限り、心ゆくまで快感を貪り、喜びを分かち合うこと

第5章

カラダの芯から官能させる技術

「セックス＝ピストン運動」の非常識

一般女性が考える「理想の挿入時間」は、約15分だそうです。しかし、本当に15分が、女性の性メカニズムにマッチした理想の交接時間なのでしょうか？　答えはＮＯです。ＡＶがセックスの教科書だと思い込んでいる男性の、ピストン運動一辺倒のジャンクセックスが基準になっているから15分と答えざるをえないだけで、もしもスローセックスが基準になれば、一般女性の回答は**まったく変わってきます**。

あなたはすでに、セックスの本質が性エネルギーの交流にあることを、十分にご理解いただけたと思います。セックスにおいて、もっとも性エネルギーの交流が円滑かつ潤滑に促進される行為が、交接なのです。手を握り合うだけでも、キスをするだけでも、性エネルギーの交流は始まっていますが、まさに「プラグをソケットに差し込んだ状態」である交接は、もっとも効率的で合理的な性エネルギーの交流手段です。「通電」している時間が長ければ長いほど、性エネルギーの総和が大きくなることは自明。15分では短すぎます。

私は、女性の性感の研究と、新たなセックステクニックの開発のためのフィールドワークとして、この数年間だけでも２００人近い女性モニターとスローセックスのセッションを行ってきました。彼女たちの何人かに、セッション後、理想の交接時間を尋ねてみたところ、最低でも「30分以上」で、「1時間以上」、中には「無限大」なんて答えてくれた女性もいました。ただ全員から聞いたわけではないので、15分以上なのは間違いないとしても、ここにスローセックスベースでの女性の理想時間の平均値を記述することはできません。こんなことなら、過去にセッションした１０００人以上の女性たち全員からアンケートを取っておけばよかったと悔いるばかりですが、嘆いても後の祭りで仕方ありません。

一般男性は、挿入するやいなや、**猛烈な勢いでピストン運動を始めます**。頭の中が「射精」の２文字で埋め尽くされている状態。これが、ジャンクセックスの正体です。女性が愛を感じられないのも当然です。キスしてちょっと前戯があって、フェラチオしてもらってから挿入してピストン運動して射精。15分の前戯に5分の挿入。そんなアベレージ20分たらずの射精行動を、「これが普通のセックス」と思っているから、一般女性が挿入に対して、男性が射精するまでの時間「膣《ちつ》を貸してあげている」という感覚になってしまうのです。それでは、「挿入されても気持ちよくない」「一度も膣でイッたことがない」という女性が、「15分も貸してあげれば十分でしょ」と思うのも無理ありません。

もしもあなたが「セックス＝ピストン運動」と思っているなら、その考えは、今すぐ**燃えないゴミとして出して**ください。たった一度の小さなウソが、そのウソを隠すためにどんどん大きなウソになっていくように、間違った知識は、愛し合う男女を**奈落に突き落とします。**

愛撫《あいぶ》の基本は、「超ソフトに」です。そしてこのメソッドは、膣も例外ではないのです。女性の膣は、説明を待つまでもなく性感帯の宝庫です。ですから先のメソッドに従い、他の性感帯同様に、ゆったりと時間をかけて丹念に愛撫を続けることが、女性に本当の喜びを与えるための唯一無二の方策となります。

しかし、「激しいピストン運動ほど女性は感じる」と誤解している男性はというと、女性の反応がイマイチと見るや、さらにピストン運動を加速させます。**まさに悪循環**で、女性は、もっと大きな**苦痛を強いられる**のです。

交接とは「ペニスによる膣への愛撫」

「セックス＝ピストン運動」という非常識は、もうゴミ箱に捨てましたね。では、**セックスに革命を起こす、新しい常識**をあなたに授けます。それが、「交接とは〝**ペニスによる膣への愛撫**〟である」です。

超漏を手にしてから、私の交接時間はたった1分から、「平均2時間以上」に変わりました。時間が長くなったのは、早漏ではなくなったからという理由だけではありません。余裕を持って交接を楽しめるようになったことで、セックスに対する価値観そのものが変わったのが最大の理由です。

ジャンクセックスしか経験のない女性に、「平均2時間以上」という話をすると、私が、2時間以上もＡＶ男優のように腰を振り続けている姿を連想してか、「無理無理、長すぎ～」と仰天します。私は何も2時間ずっと腰を振り続けているわけではありません。もしそうなら、**さすがの私でも疲れます**。女性だってアソコがヒリヒリしてくるでしょう。

私も私のパートナーも、ピストン運動の摩擦という物理的な快感だけではなく、性エネルギーの交流という精神的な官能を楽しんでいるのです。たゆたうような淡い官能が、いかに男性と女性を幸せの世界に誘《いざな》ってくれるかという認識は、やはり実際に経験してみないと、なかなかご理解いただけない感覚なのだと思います。私にとってセックスは、最初から最後まで女性を愛し続ける行為です。

ジャンクセックスからスローセックスへ。この大命題を成し遂げるためには、交接テクニックの意識改革はとても重要です。男性自身が気持ちよくなることを主眼に置いた、**ピストン一本勝負的な腰使いをリセット**したら、この次の機会には、「彼女の膣をペニスでやさしく愛撫してあげる」という気持ちで交接を試してみてください。たったこれだけで、確実にあなたの腰使いは、**見違えるほど女性の理想に近づきます。**

なぜって、あなたは今まで「ペニスを膣で愛撫する」なんてこと、思ってもみなかったのです。思ってもいないことができるはずがありません。ただそれだけのことです。正しい知識さえ手に入れれば、元々やさしい日本人男性は、誰もがベッドの上で女性の求める**本当の男らしさを発揮する**ことができるのです。

これまでは男性も女性も、早く射精したい、早くオーガズムが欲しいと、強い刺激だけに重点を置いてきたから、結果的に交接時間が短くなり、セックスの本質に手が届かなかったのです。時間を気にせず、たゆたうように「淡い快感も楽しむ」ことで、互いの性エネルギーの総和は臨界点にまで増幅され、はたして「爆発現象」と呼ぶにふさわしい、**強烈な射精と絶頂を手にする**ことができるのです。

ペニスで超ソフトに、膣内を隈《くま》なく**丹精込めて愛撫**してあげてください。交接の意識を、射精のためのピストン運動から「膣への愛撫」にシフトするだけで、あなたのセックスに対する女性の評価は、間違いなくグンとアップします。

腰使いは「圧迫」と「振動」がポイント

ここでは、さらにあなたの腰使いをバージョンアップさせる、知恵を伝授しましょう。キーワードは「圧迫」と「振動」です。

ピストン一辺倒の腰使いがダメなのには、主にふたつの理由があります。ひとつは、**射精に突き進んでしまう**こと。そしてもうひとつが、**刺激が単調**だということです。ピストン運動における刺激は、「摩擦」です。ペニスをしごく、つまり烈《はげ》しく摩擦することで快感を覚える男性には、体感的に理解するのは難しいのですが、実は女性とは、摩擦の刺激と同じくらい、**「圧迫」と「振動」に弱い**生き物なのです。

まず「圧迫」から。女性の中には、幼少期に、マスターベーションを覚える人が少なくありません。いろいろなパターンはありますが、一番ポピュラーなのが、布団や枕を股間《こかん》に強く押しつけるというものです。幼い本人には、マスターベーションという自覚はまだないのですが、女性器全体が圧迫される気持ちよさに、ハマってしまいます。

次に「振動」ですが、真っ先に思い浮かべるのは、ピンクローターだと思います。オナニストの女性の中には、クリトリスへの振動だけでは物足りず、膣内にバイブレーターを挿入して、振動の快感を楽しむ人も少なくありません。

私が聞いた、ちょっと珍しいケースでは、学生時代に吹奏楽部に所属して、トロンボーンを担当していたのですが、トロンボーンを吹くたび、子宮を中心にカラダ全体が、性的な快感に襲われて困った、という人がいました。

かくも、女性は「圧迫」と「振動」に**性的な快感を覚える**のです。そしてその特性は、女性器周辺と膣内には、もっとも顕著に表れるのです。

しかし、この性メカニズムに関して、**ほとんどの男性が無知**です。無知の証左として、AV男優気どりでGスポット愛撫を試みる男性がいますが、**九十九パーセントは失敗**に終わります。それは、彼らの頭の中には「圧迫」と「振動」という知識が欠けているからです。Gスポット愛撫に関しては、すでに別の著書で書いていますので、ここでは簡単な説明にとどめますが、Gスポットを指腹で圧迫して離す、圧迫して離すという「オンオフ運動」を高速で行い、振動を発生させるのが、テクニックの要諦《ようてい》です。しかし、刺激＝摩擦オンリーの男性は、指の先で膣内を強く**かき出すような動き**をしてしまうのです。これでは女性は**痛いだけ**です。間違いテクニックをしておいて、「なんで潮を吹かないんだ？　感度が悪いんじゃないの」と女性のせいにする不届き者の多さには、ただ**呆《あき》れる**ばかりです。

ペニスで膣を愛撫する、という新常識をインプットした後は、「膣は、圧迫と振動が効果的」という正しい知識を、しっかりと頭に叩《たた》き込んでください。

では次に、刺激の種類別に、具体的な腰の動かし方をレクチャーします。

【刺激別・基本的な腰使い】

圧迫　ペニスをゆっくりと根元まで挿入したら、亀頭の先端に膣壁が当たります。この膣の最深部にある膣壁は、私が「Aスポット」と命名した優秀な膣内性感帯です。亀頭の先端をグーッと押しつけてAスポットにしばらく圧をかけたら、腰を少しだけフワッと引いて、圧から解放します。この愛撫を何度か繰り返します。

振動　後背位でペニスを根元まで挿入したら、腰を小刻みに前後させてAスポットに振動を発生させます。自分の下腹部と女性のお尻《しり》をピタッと密着させたまま行うのがポイント。

摩擦　女性にとって摩擦の刺激が気持ちいいのは、膣内よりも膣口付近。ペニスを引く時に、半分くらい引いてもあまり意味はありません。膣口にカリがひっかかるところまで、しっかりと引きましょう。

同じ性感帯でも、**刺激の種類が変われば、快感の質も変わってきます**。圧迫、振動、摩擦の3種類の刺激を、体位に合わせて意識的に組み合わせていくことで、女性の官能は豊かになり、相乗的に快感は**何倍にも膨れ上がる**のです。

また、圧迫や振動を与える時は、大きく腰を動かさないので、思わずイキそうになるといった**危ないシーンに出会うことも減ります**。刺激の種類を増やすことは、男性が長時間交接を存分に楽しむうえでもとても**有効なノウハウ**なのです。

セックスの醍醐味は「相互愛撫・相互官能」にこそある

交接は、「ペニスによる膣への愛撫」と言いました。逆もまた真なり。交接は女性から男性への「膣によるペニスの愛撫」でもあるのです。自分が気持ちよくなるためではなく、男女がお互いに、相手に気持ちよくなって欲しいと考え、男性はペニスで、女性は膣で、お互いの性器を愛撫し、はたしてふたりが一緒に**夢中になって快楽の海に溺《おぼ》れていく**……。素晴らしいとは思いませんか？　男性がガンガンと腰を振りたて、勝手に果てて終わってしまうジャンクセックスでは、気がつくことさえない**セックスの醍醐《だいご》味《み》**がここにあります。

セックスの本質とは、お互いに愛撫し合い、お互いに感じ合う、「相互愛撫・相互官能」にあるのです。

しかし、現実に目を向けてみると、スローセックスでは、〝究極〟の相互愛撫・相互官能という位置づけにある交接ですら、一方通行的な行為になり下がっています。男性はひたすら射精に向かったピストン運動に終始し、愛《いと》しき女性たちは、男性のプライドを傷つけないようにと、感じたふりやイッたふりをする。これはもう、残念というよりも、**不幸**です。

「イク時は一緒に」という言葉があります。一般のカップルでも男性がそれなりに経験豊富で、女性がイキやすい体質の場合、たまにふたり一緒にオーガズムを味わえることがあります。すると男性は、まるで鬼の首でも取ったように、「最高のセックスをした」と有頂天になってしまうようですが、逆の言い方をすれば、それがジャンクセックスの限界だとも言えるのです。一緒にイクのは確かに素晴らしいことですが、しかし、ふたりが一緒の時間は、**一瞬でしかありません**。

セックスとは、「愛し合う行為」そのものです。ですから、他のどんな共同作業よりも、「一緒に」が大切なのです。結婚披露宴でのケーキカットが、夫婦にとって最初で最後の共同作業では、笑い話にもなりません。一瞬で満足することなく、少しでも長く「一緒に感じ合う時間」を楽しめるように工夫すべきであり、ふたりでアイデアを出し合って、「相互愛撫・相互官能」の場面や時間を増やしていくことが、とても重要なテーマとなるのです。

あなたは、愛する女性と「一緒に」の時間を、どれくらい楽しんでいますか？　ひとりふんぞりかえって女性にフェラチオをさせている男性を、「なんて男らしいの」などと思う女性は**ひとりもいません**。逆に、男性がずっと主導権を取って、一方的に女性を責め続けるセックスは、既存のセックス観では「ちゃんと男の役目を果たしている」ような印象を持たれるかもしれません。しかし、セックスとは、ただ快楽を追求し、性欲を満足させるためだけにするものではありません。それぞれの存在を尊重し、いたわり、思いやりながら共鳴していく、**究極の愛情表現**、それがセックスです。言葉では伝えられない愛を伝える、究極のコミュニケーションなのです。会話のことを言葉のキャッチボールと言います。セックスも、日常生活の中にあるさまざまな制約から解放して、自由に**快感のキャッチボール**を楽しむことで、ふたりの愛をより確かな絆《きずな》へと導いてくれるのです。

あえて説明するまでもありませんが、一方的な愛撫にももちろんメリットがあります。責めと受け身の役割分担がはっきり分かれているため、自分の役割に集中できることです。とくに女性の場合、性感に神経が集中できるため、感じやすくイキやすくなります。「百パーセント受け身の状態になる」ことは、官能を楽しむメソッドのひとつです。ですから私は、責めと受け身の役割分担があるセックスを否定しているのではありません。もっと一緒に感じ合う時間を増やしましょう、と提言させていただいているのです。

一緒に感じ合う時間が増えると、とてもいいことが起こります。**性エネルギーの交流**です。一方通行の愛撫の時は、お互いのカラダの中に、ただ「溜《た》まった状態」だった性エネルギーが、お互いに愛撫をしてお互いに感じ合うようになると、交流の回路が開いて、一気に相手のカラダに流れ始めます。性エネルギーは、男女のカラダを循環することで、その質量が飛躍的にアップするのです。自家発電では風力発電所程度でしかなかった性エネルギーが、原子力発電所級にパワーアップすると言ったらわかりやすいでしょうか。

性エネルギーが増幅すれば、性感レベルがアップして、ふたりともより感じやすくなります。そして、性エネルギーの交流は、第三章で説明したように、男性をイキにくくさせます。いいことずくめなのです。

しかし、一般のカップルを見ていると、相互愛撫のレパートリーはシックスナインのひとつだけ、というケースがとても多いのです。シックスナインがダメとは言いませんが、スクールでは、**積極的に教えてはいません**。これにはふたつの理由があって、ひとつは、シックスナインの体勢は、交感神経が優位に働きやすいため、挿入欲、射精欲に結びつきやすいこと。もうひとつは、つい「イカせっこ競争」のようになってしまい、必然的に、ゆったりと快感を味わう時間が短くなってしまうことです。

性エネルギーは愛撫の時間の長さに比例して増幅します。交流時間が短ければ、性エネルギーの総量は増えませんから、女性をカラダの芯《しん》からイカせることなど不可能です。

そこで私は、スローセックス初心者のカップルでも、ゆったりと楽しみながら性エネルギーの交流が実感できる「ふたりタッチ」という相互愛撫テクニックを考案しました。次項でレクチャーします。

愛を永遠のものにする「ふたりタッチ」

男性は手でクリトリスを愛撫し、同時に女性も手でペニスを愛撫し合うのが、「ふたりタッチ」です。ふたりタッチには、経験度やシチュエーション別に、基本となる体位だけでも10種類以上ありますが、初心者にもっともおすすめなのが、「添い寝スタイル」です。

体位といっても、やり方はとても簡単です。お互い全裸でベッドに並んで添い寝の体勢になります。女性は仰向けに、男性は女性のほうに横向きになってください。これでもうポジショニングは整いました。後は、男性は右手でクリトリスを愛撫し、女性も同時に、右手でペニスを愛撫するのです。

とても簡単ですが、いろんなセックスを試してみたい好奇心旺盛《おうせい》なカップルでも、こんなスタイルで互いの性器の触りっこを実践したことがある人は、ほとんどいらっしゃらないと思います。それは、「相互愛撫」の重要性に気がついていない証拠です。

一般のカップルは、とかく過激さや興奮を求めて、すぐにアダルトグッズやSMプレイといった方向に走ってしまいがちです。それが悪いことだとは言いませんが、しょせんはセックスのオプションにすぎないのです。その時は楽しくても、プレイ的なものは、一過性のものでしかなく、遅かれ早かれ飽きてしまいます。飽きたら、**より過激なものに走る**しかありません。大富豪のジレンマと同じで、買いたいものを買い尽くしてしまったら、どんな高価なものも、魅力的に映らなくなります。過激なプレイ的セックスの末路もそうなのです。

ふたりタッチは、飽きとは**無縁**です。なぜなら、相互愛撫がセックスの本質だからです。日本人がお米に飽きないのと同じで、ふたりの愛が続く限り、永遠に楽しめるのです。もしかすると、ふたりタッチが、ふたりの愛を永遠にすると書いたほうが正解かもしれません。

先ほど、相互愛撫によって発生する性エネルギーの交流で、性感レベルがアップすると言いました。この効果には続きがあります。相互愛撫・相互官能のセックスを続けていると、カラダの中にある、性エネルギーを「溜める器」そのものが次第に大きくなっていきます。つまり、その時だけ敏感になるのではなく、続けることで感じやすい体質が育成ゲームのようにどんどん**レベルアップ**していくのです。

この傾向はとくに**女性に顕著**です。気持ちいいセックスを経験すればするほど、女性はセックスをすることが好きになります。付き合ったばかりの頃は、「セックスは普通に好き」くらいに思っていた女性が、相互愛撫・相互官能のセックスが当たり前になれば、セックスが「めちゃくちゃ超大好き！」な女性に変身してくれるのです。そしてここがポイントですが、彼女をセックス超大好きに変えたのは、あなただということ。あなたは彼女の記憶の中に、「私を、セックス大好きに変えた男」として、一生刻まれるのです。これほど男性にとって名誉でうれしいことはありません。

さて、ふたりタッチに話を戻します。方法はとても簡単ですが、ふたりタッチを楽しむためには、守らなければならない大切なルールがあります。それは、絶対に相手をイカせようとしないことです。「イク・イカせる」にこだわり続けてきたこれまでのセックス観を、**スパッと捨て去って**ください。ふたりタッチはイカせっこ競争ではありません。「感じる」ことそのものを楽しむこと。そして、女性とその意識を共有することがなにより大切です。

また、「相手に気持ちよくなって欲しい」と思う気持ちはなくてはならないものですが、「感じさせよう」と思いすぎるのは禁物です。感じさせようという気持ちが強すぎると、それが相手に伝わり、「もっと感じなきゃ」という**プレッシャーになってしまう**からです。

「イク・イカせる」にこだわることなく、セックスの本質である、相互愛撫・相互官能を最大限に満喫するコツは、「**6～7割の快感を楽しむ**」ことです。

と言われても、これまで、もっと気持ちよくなりたいと、強い快感を追い求めていた男性は、戸惑い、混乱することでしょう。次項で詳しく説明しますが、実は、ほとんどの日本人がこれまで見過ごしてきた、「淡い」快感の中に、女性をカラダの芯からイカせる秘密が隠されていたのです。

膣はイキにくい性感帯だった！

「イク、イカせる」にこだわるジャンクセックスが普通のセックスだと信じて疑わない男性は、女性をイカせることが最上級のセックスだと思っています。しかし、「イク」と一言で言っても、イクの内容は**ピンキリ**です。早漏気味の男性にだって、そこそこ納得感のある射精と、イッたのに欲求不満が残る**残念な射精**がありますよね。女性の場合は、このピンキリの振り幅が男性とは**比較にならないほど大きい**ということを、まず覚えておいてください。

「快感」「官能」は、セックスには欠かせない要素です。気持ちいいからみんなセックスをするし、セックスしたいと思う。ここまでは間違っていません。問題なのは、一般の方の多くが、「快感は大きいほど気持ちいい」という、一面的な考えに、あまりにもとらわれてしまっているということです。

一般の人が考える、快感の最上級が「イク」です。しかし、セックスを大きな森にたとえるなら、「イク」は、ちょっと目立つ大きな一本の木にすぎないのです。「イク」とか「強い刺激」という大きな木ばかり見ていると、木を見て森を見ずの諺《ことわざ》の通り、セックスの本当の素晴らしさに気づくことはできません。セックスの森を構成している木のほとんどは、「淡い快感」の木なのです。そして大切なのは、淡い快感の木の種類は「無限」に存在しているということ。女性のカラダには無数の性感帯があります。無数の性感帯は、その場所によって、快感のレベルや質もさまざまです。それだけではありません。同じ性感帯でも、「摩擦する」「圧迫する」「振動させる」「舐《な》める」「噛《か》む」など、刺激の種類を変えれば、また違う官能を示します。かくも、快感の種類は、**多様性に富んでいる**のです。

しかし今、誰もが、「強い刺激」「大きな快感」だけを追いかけてしまっています。これは、食事にたとえれば、毎日、高級国産牛のステーキばかり食べているようなものです。どんなに美味《おい》しい料理でも、メインディッシュばかり食べていればいずれは飽きてしまいます。前菜に始まり、サラダやスープやデザートなど、フルコースすべてを味わうからこそ、食事は楽しいのです。今、フルコースという言葉を使いましたが、本当にセックスを楽しもうと思ったら、さまざまな種類の快感を「味わい尽くす」という意識がとても大切なのです。

無限に存在する「淡い快感」を味わい尽くすことが、セックスの本質であり醍醐味であり、女性をカラダの芯から感じさせる唯一のメソッドなのです。なぜか？

淡い官能を味わい尽くす、という意識でセックスを楽しめば、女性の体内には、自然と**性**

エネルギーが増幅してきます。性エネルギーが増幅すると、より感じやすい体質に変化して、淡い官能を、よりビビッドに感じることができるようになります。さらに愛撫を続け、性エネルギーが満タンになれば、コップから水が溢《あふ》れるように、自然と**性エネルギーのスパーク**が起こります。これが本来の意味での「イク」です。

「外イキ」と「中イキ」という言葉をご存じでしょうか？　女性たちの間で流通している隠語なのですが、クリトリスでイクことを「外イキ」、膣でイクことを「中イキ」と言います。なぜ女性たちが区別しているかというと、女性にとって外イキと中イキでは、**官能のレベルや質がまったく違う**からです。このことは、男性でもなんとなく理解できると思いますが、まだここでお勉強の時間です。

女性を芯からイカせるために、知っておかなければならない重大な性科学的知識があります。それは、「**膣はイキにくい性感帯**」だということです。イキやすい性感帯ナンバーワンのクリトリスとの大きな違いです。クリトリスではすぐイケるのに、「膣では一度もイッたことがない」という女性は少なくありません。いえ、むしろ、膣イキを経験していない女性の比率のほうが高いかもしれません。感度のいい女性であっても、どんなに烈しくピストン運動しようとも、性エネルギーが十分に体内に充満していないと膣イキに達することは難しいのです。だからこそ、膣でのオーガズムは、外イキとは比較にならないほど高次元で、深い官能を女性に与えるのです。

「淡い官能を味わい尽くす」ことの、意義と価値をわかっていただけましたか？　ただ頭で理解しても、なかなか実践が難しいのも事実です。というのも、一般男性の多くは、女性を愛撫して、アンアン、ヒーヒー、ギャーギャーと喘《あえ》いでくれないと、つまらないと思ってしまうからです。ＡＶの観すぎというか、自分の彼女が、ＡＶ女優のように派手なリアクションをしてくれないと物足りなくて、一生懸命に愛撫する気が失せてくる。女性のほうも、「もっと気持ちよくなりたい」という思いから、男性に強い愛撫を求める傾向があります。そして、心やさしき男性ほど、その女性の思いに応《こた》えてあげようとする。しかし、この一見自然な欲求に思える感覚が、男女を**セックスの本質から遠ざけて**います。

今、多くの日本人が、「強い快感（＝メインディッシュ）」を求めているにもかかわらず、快感を拙速に求めるジャンクセックスの蔓延《まんえん》により、セックスそのものが、豊かさとは真逆の、あたかも毎日がジャンクフードのような貧しい状況になり下がっているということは、皮肉としか言いようがありません。

発想の転換をしてください。セックスの本質的官能を実感するためには、淡い官能の木々全体を見なければいけません。男性だけではなく女性も、快感レベル６〜７割の中庸な快感を、前戯や交接での**理想的な快感**と捉えるのです。

そのことが、愛し合う男女の共通認識になるように導くことが、男性の使命であり、愛情であり、女性が男性に求める愛のリーダーシップです。

愛し合うふたりの合い言葉は、「淡い快感を楽しむ」。この概念が、セックスに革命をもたらします。

複合愛撫は「三本の矢」

2ヵ所以上の性感帯を同時に愛撫することを、複合愛撫と言います。みなさんもよくご存じの「三所《みところ》責め」（膣、クリトリス、アナルを同時に愛撫する行為）も、その一種です。という解説をすると、特別で高等なテクニックのように思われるかもしれませんが、その「なんだか、難しそう」というイメージが、**そもそもの間違い**です。

一般男性でも、キスしながら胸を揉《も》んだり、乳首を吸いながら女性器を触るといった程度のことならふだんからやっているでしょう。それだって立派な複合愛撫です。テクニシャンと凡人の違いは、どこまで複合愛撫を徹底できるかどうかです。

私とセッションした女性はみなさん「こんなセックス初めて！」「こんなに自分のカラダが感じるなんて今まで知りませんでした！」と感動されます。私はテクニック自慢をしているのではありません。もしも私と一般男性の間に違いがあるとすれば、それは個別のテクニックの差というよりも、「愛撫＝複合愛撫」という意識を持っているかいないかの違いだということを説明したいのです。一般男性のほとんどは、ひとつのテクニックを使うのが基本で、同時に2種類のテクニックを使うのは応用編という捉え方をしています。私の場合は、愛撫のすべてが複合愛撫であり、それが**私の常識**なのです。

私は、今日はスローセックスのフルコースを行うと決めたら、女性の全身の性感帯に、アダムタッチを**1時間、2時間**と続けます。私の場合、セックスの最中、右手と口のどちらかが遊んでいるという状態は、**ほとんどありません**。常に右手ではアダムタッチをし続けながら、同時に、間断なくオーラルテクニックを繰り出しています。クンニの時も内ももやわき腹にアダムタッチしたり、両手を伸ばして乳首を愛撫します。交接の最中も、手が休むことはありません。対面上体立位の時は太ももを、座位の時は背中を、後背位の時はお尻を、騎乗位の時は胸をという感じで、右手は常に性感帯のどこかを愛撫しています。交接の場合は、「ペニスによる膣への愛撫＋アダムタッチ」の複合愛撫というわけです。

キスだって立派な愛撫のひとつです。アダムタッチをしながらキス、胸を触りながらキス、交接中もいっぱいキスを楽しみます。キスも愛撫であるという認識があれば、複合的に取り入れることができるのです。

一生懸命に愛撫しているつもりなのに女性が思うように感じてくれないのは、一般男性のセックスが、キスの時はキスだけ、クンニの時はクンニだけ、交接中はひたすらピストンと、**それぞれの愛撫が独立している**からです。毛利《もうり》元就《もとなり》の「三本の矢は折れない」ではありませんが、ひとつのテクニックでは感じなくても、2種類、3種類のテクニックが織りなす相乗効果は、あなたが思っている以上に女性を感じさせるのです。

繰り返しますが、同時愛撫は続ければ続けるほど威力を増します。継続は力なりです。注意して欲しいのは、たとえ口と手を同時に動かしていたとしても、「触りたいから触る」「舐めたいから舐める」という独りよがりのテクニックでは、女性は**感動してくれない**ということです。心から女性を感じさせたいと思うなら、必要なのは、本能ではなく、**明確な戦略と確かな技術**です。女性をリラックスさせる、感じさせる、エッチモードに導く、刺激にアクセントを加える、性感レベルを強化するなど、パートナーの性感や、官能レベルなど、その場の状況や性格に合わせた明確な目標と戦略を立てることが肝要なのです。

複合愛撫を可能にする「片手によるクリトリス愛撫」

スローセックスの前戯の基本である複合愛撫を可能にするためにも、また性エネルギーの交流を潤滑にするふたりタッチの実践においても、男性が最低限マスターしなければならないテクニックが、「片手によるクリトリス愛撫」です。

いい加減で中途半端な、片手でのクリトリス愛撫なら誰でもできますし、現に多くの一般男性がセックスでしているでしょう。ただしほとんどは、**間違いだらけの自己流テクニック**なのです。セックスを甘く見てはいけません。ここでレクチャーするのは、クリトリスの潜在能力を最大限に引き出す、的確で適切な正しいテクニックです。

今回は、2種類の方法を紹介しますが、その前に、クリトリス愛撫の基礎知識を学んでください。クリトリスを攻略するには、ふたつの重大なポイントがあります。

まずひとつめが、「ピンポイント攻撃」です。クリトリスは、女性のカラダの中でもっとも小さな性感帯です。そのため、クリトリスを「**点**」と捉えている男性が非常に多いのですが、小さな点もよく見ると「**立体**」なのです。ご存じの通り、クリトリスは男性のペニスに相当する性感帯です。ペニスで一番感じやすいのが亀頭であるように、クリトリスも先端部がもっとも敏感なのです。ですから愛撫の際は、クリトリスの先端を**ピンポイントで一点集中攻撃**する必要があるのです。そこで欠かせないテクニックとなるのが「クリトリスの皮むき」です。この皮むきを疎《おろそ》かにしている男性が、いかに多いことか。話を男性に置き換えてみましょう。経験の少ない女性からペニスを手で愛撫してもらう時、手を上下するたびに、皮が亀頭に被《かぶ》るような愛撫をされたことはありませんか？　男性としては、とてもじれったくて、不満を感じたはずです。結局、クリトリスの皮むきをしない（知らない）男性は、「反対の手でペニスの根元をおさえて、皮が戻らないようにする」というやり方があることを知らない女性と同質なのです。

ふたつめが、「超ソフトタッチ」です。パートナーとのセックスに不満を持つ一般女性から本当によく聞くのが、「**クリトリスの愛撫が強すぎて痛い**」というクレームです。いい機会なので申し上げておきますが、既存のＨＯＷ ＴＯ ＳＥＸ本で慣用句のごとく使われる「最初はソフトに、そして徐々にハードに」という指南は間違いです。正解は、「最初から最後まで超ソフトに」です。「強い摩擦ほど女性は感じる」と誤解している男性は、超高速はともかく、超ソフトタッチのほうがまるで実践できていません。もっと感じさせようと、思わず手に力が入ってしまい、女性たちがよく使う表現の「ゴシゴシ」「グリグリ」という**悪い愛撫の見本市**になってしまっています。

「超ソフトタッチ」を実現するためにとても大切なのが、愛撫の「**支点をつくる**」というメソッドです。愛撫は通常、中指を使いますが、「力点」である中指の先端が、ポイントからブレないようにするためにも、また理想的な刺激を安定してクリトリスに供給するためにも、「支点」は**必要不可欠**なのです。

以上を踏まえて、スローセックス初心者に、最初に学んでもらうのが、**「両手によるクリトリス愛撫」**です。この初級テクニックは、他の著書でも書いていますので簡単に説明しますが、左手でクリトリスの皮をむき、右手の手のひらの下の部分を女性の太ももに当てて、そこを支点にする愛撫法です。

片手によるクリトリス愛撫とはつまり、初級者が両手でやっていた「クリトリスの皮むき」と「支点をつくる」の2大重要ポイントを、片手だけで行わなければならないということです。さっそく「手根を支点とした愛撫法」から学んでいただきましょう。

手根を支点とした片手愛撫法

1、まず支点となる手根（手のひら下部の肉厚の部分）を、恥骨に当てる。

2、やや強めに密着させた状態で、手を上（おへそ方向）に引き上げてクリトリスの皮をむく。距離の目安は、約3～4センチ。

3、クリトリスが完全に露出したら、その位置で支点（手根）を固定して、皮をむいた状態をホールドする。

4、中指の関節だけを小刻みに動かして、指の先端で、クリトリスを愛撫する。指先の振幅は、約1～1・5センチが目安。

親指を支点とした片手愛撫法

1、支点となる親指の指腹を、クリトリスより上部の恥骨に当てる。指を押しつけるような感覚。
2、親指を押し当てたまま、指を約3～4センチ押し上げてクリトリスの皮をむく。
3、クリトリスが完全に露出したら、その位置で親指を固定して、愛撫の支点にする。
4、手根を支点とした場合と同じ。

初級者にとって最初の難関は、「**指先の感覚だけでクリトリスを的確に捉える**」ことです。探し方には**コツがあります**。いきなりクリトリスを見つけようとしないで、まずは中指の先端を膣口にあてがってください。そこから小陰唇の割れ目の間を滑らせるようにして、指を上げていきます。左右の小陰唇が合流した部分が、クリトリスです。慣れないうちは、目で確認しながら、指先の感覚をつかんでください。

男性受講生の中には、「クリトリスの皮をむくと、女性が余計に痛がるのでは？」と心配される方がいますが、女性が痛がるのは、皮をむくからではなく、愛撫が強すぎるからです。ここを勘違いしてはいけません。私は「彼女が愛撫を痛がる」という男性には、「ふだんの10分の1くらいの強さでやってみてください」とアドバイスしています。10分の1は大《おお》袈裟《げさ》かもしれませんが、それくらい一般男性が、「ちょうどいいはず」と思っているタッチ圧は、女性にとって**強すぎる**のが実態です。

片手によるクリトリス愛撫は、簡単に思えて、実は**かなり高度なテクニック**です。しかし、それだけにマスターできれば、愛撫のバリエーションが、飛躍的に増えます。男の必須科目という認識を持って、ぜひともマスターしてください。

「脳への愛撫」はフィジカル3割メンタル7割がベスト

セックスの研究をすればするほど、**愛とセックスは切り離せない関係にある**ことが見えてきます。愛とセックスは、車の両輪のようなもので、どちらか一方がパンクすれば、そのカップルは幸福への道を**まっすぐに歩めなくなってしまう**のです。しかし残念ながら、こんな当たり前のことを、ちゃんと認識できている日本人は少数派です。

男性は、とかくテクニックに傾き、一方で女性は「愛」を重視します。こうした男女間の価値観の相違が、ベッド上での不満や悩みのみならず、日常生活のあらゆるシーンで、無用な亀裂《きれつ》や衝突を生み出しているのです。

男は**愛がなくとも勃起する生き物**です。このオスの生態が、女性には破廉恥で無節操としか映らない。女性たちは、その反動として、「愛のあるセックスが一番気持ちいい」と口を揃《そろ》えて言います。この意見はある意味正しいのですが、**楽天的な落とし穴**があります。愛がなければ、気持ちいいセックスはできません。けれど、**愛だけでも、ダメ**なのです。

多くの日本人に足りないのは、「愛する技術」なのです。最愛の女性と、気持ちいいセックスをしたいと思っても、愛する技術が伴わなければ、本当の快感の中で、愛を確認し、絆を深め、人生に潤いをもたらすような**「愛の行為」**を楽しむことはできません。

あなたはこれから、早漏を克服しようとしています。私がかつて行った早漏克服トレーニングを積めば、必ず、夢の「超漏」に到達できるでしょう。ちょっとやそっとのピストン運動では、イカなくなります。しかし、それで有頂天になって、あなたがピストンマシーンと化したら、**元も子もありません**。女性を泣かせるジャンクマンが、またひとり増えるだけです。

現代の男性にとって、早漏を克服することは、愛する女性を喜ばせるために、絶対にクリアしなければならない課題です。この言葉にウソはありません。けれども、勘違いしてはいけないのは、早漏の今が0で、超漏＝100ではないということです。

セックスの総合力は、フィジカル面と、メンタル面のふたつに大別できます。

フィジカル面に分類されるのが、セックステクニック、射精のコントロール力、精力の強さ、腰の強さ、ペニスの大きさや勃起力、スタミナなどです。性科学や医学的な知識も、フィジカル面に属します。

私は、かれこれ20年近く、テクニックを磨き、フィジカル面の強化に勤《いそ》しんできましたが、私にとって、テクニックや超漏など、フィジカルな要素が占める割合は、セックスの総合力の中で見れば、3割程度にすぎません。

他の7割は、メンタル面です。メンタル面に分類されるのが、愛情や、愛情を伝える技術です。愛情を伝える技術、と書くと難しいかもしれませんが、要は、気の配り方や、相手をリラックスさせる会話術、その気にさせるムードづくり、第六章で紹介する「褒める能力」なども含まれます。

一般男性は、こうしたメンタルな要素のひとつひとつが、いかにセックスに重要な総合力であるかをご存じないのです。と言うか、別なこととして考えています。

たとえば、一般女性はよく「日本の男性って、なんでムードづくりが下手なのかしら」と嘆きます。日本人はシャイだとか、外国との文化の違いもありますが、ムードづくりの上手い下手の問題以前に、そもそも「ムードづくりもセックスの一部」という、常識問題が解けていないのです。

こんな例をお話ししましょう。以前、私は不感症に悩む女性のモニターを研究の一環として募集していました。そして彼女たちに施術をするのですが、私がもっとも腐心したのは、いかにスローセックステクニックを駆使するかではなく、施術前のカウンセリングで、いかに彼女たちの心をリラックスさせるかでした。感じられないのは、肉体への刺激を性的な快感と認識する**「性感脳」が開花していない**からです。過去の乱暴な愛撫や、性的なトラウマで、心が閉じているから、脳が感じられないのです。肉体を愛撫する前に、脳をやさしく愛撫して、心を開いてあげることが何より大切なのです。ぜひ、あなたにも覚えて欲しい知識のひとつですが、女性は官能モードに至る前に、必ず「リラックスモード」を経由します。女性を感じさせるために大切なことは、「脳への愛撫」です。「気持ちいい」と感じるのは、カラダではなく脳なのです。

テクニックに走るだけではダメ、愛に期待しすぎてもダメ。バランス感覚が大切なのです。私は、「フィジカル3割、メンタル7割」がベストバランスと考えています。

超漏を手にし、余裕を持ってセックスに臨めるようになったその時こそ、メンタル面の重要性を認識し、強化してください。

最初のキスですべてが決まる

セックスをまだ知らない思春期の頃、私は、好きな女の子とキスしている自分を想像するだけで、何時間でも夢の世界を旅することができました。最近はほとんど耳にすることがなくなりましたが、「間接キッス」という言葉がありました。間違えて、女の子が飲んでいたグラスに口をつけたりすると、「わー、○○さんと間接キッスだぁ～」なんてはやし立てられて、赤面しつつもうれしかったり。グラスにドキドキするくらいですから、好きな女の子の唇なんて、一度気にし始めたら、心臓が爆発しそうなほどバクバクです。今では笑い話にしかなりませんが、当時は、「彼女とキスできるんなら、死んでもいい」と、真剣に思っていました。もしも夢がかなっていたら、私の心臓は16歳で止まっていたかもしれません。私に限ったことではなく、童貞時代における男子脳のキス含有量は、それはもう目を見張るものがあるわけです。

しかし、それほどまでに思いつめていたキスも、セックスを経験した途端に、価値観が暴落してしまうようです。ジャンクセックスが猛威を振るう今、キスは、平均15分という短い前戯の、そのまた一部に**成り下がってしまっています**。キスを単なる通過儀礼と考える人も少なくありません。「キスもしないで挿入したら酷《ひど》い男だと思われる」からキスする、くらいの感覚です。

確かに人間は飽きる動物です。だから、ファーストキスをする前の感覚に戻りましょうと言っても、それはちょっと難しいことかもしれません。けれども、だからと言って、キスの価値観や重要性を知らないことは、大人の男性として**致命的なこと**なのです。キスを疎かにする男性は、女性を愛する資格がない、と言っても過言ではないでしょう。

セックスの快感度や満足度を大きく左右する「性エネルギーの出会いの瞬間」なのです。まず知るべきは、女性はキスが大好きだということです。キスをおざなりにする男性と、キスが大好きな女性。口先では「愛してる」なんて言ったところで、こんな噛み合わないふたつの歯車では、短絡的な快楽さえ手に入れることは難しいでしょう。快感の先にある幸福感との出会いなど**夢のまた夢**です。

一方で、キスが好きな男性もいますが、私の知る限り、そうした男性のほとんどは、「情熱的で荒々しいキスが最上級のキス」だと思い込んでしまっています。ディープキスは、キスの一パターンにすぎません。女性とは、フランス映画のラブシーンのような**美しいセックスの始まりを望んでいる**のです。女性の中には、「キスが苦手」と言う方もいますが、彼女たちにキスを苦手にさせたのは、キスの価値観を知らない男性です。彼女たちが苦手なのは、キスではなく、「いきなりのディープキス」なのです。そもそも、いきなり男性が舌をねじ込んでくるようなキスは、濡《ぬ》れてもいない膣にペニスを挿入するようなもので、尊厳ある人間のセックスでは礼節を欠く行為です。

誤解して欲しくないのですが、私は、濃厚でエロティックなキスを否定しているわけではありません。お互いに盛り上がっている状況なら、初手から**ブッチュー&レロレロ～**が自然の成り行きということもあるでしょう。しかし、男性にも女性にも知っておいて欲しいことは、超興奮状態は、**墓穴を掘る危険性を孕《はら》んでいる**ということです。どういうことか？　善くも悪くも男性上位の日本人のセックスでは、興奮度ＭＡＸな男性側の性が優先されて、女性への前戯が不十分なまま、男性だけが沸点に達してしまいがちだからです。男性はそれで満足かもしれませんが、女性にしてみれば、「アレッ、もう終わり？」と、最初の盛り上がりを恨むことになりかねないのです。簡単に言えば、いきなり激しいキスでスタートすると、セックスが**ジャンク化**してしまいがちなのです。

理想的なキスとは、五感すべてをフル稼働させて、「深い感性で味わうキス」です。料理も、目で味わい、匂《にお》いや食感や恋人との会話を楽しむという、味覚以外の感覚が総合されていくことで、「美味」は「幸福」という最上級の感覚へ昇華されていきますよね。キスも同じ。性欲を満たすだけのキスと、幸福感に包まれるキスとの決定的な違いは、感性の差にあるのです。

相手の息遣いを近くで感じるだけで愛しいと思う感性、微《かす》かな触れ合いに喜びを感じる感性、好きな異性と唇を重ねるだけで幸せを感じる感性……。そうです。ファーストキスの時の、あの瑞々《みずみず》しい高揚と興奮です。

とくにセックスの導入部におけるキスは、「超ソフト」が基本です。「動」ではなく「静」の中で、感性は育まれるのです。具体的には、触れるか触れないかの絶妙なタッチ圧で愛撫するアダムタッチ的なキスをイメージしてください。

モニターの女性とキスをすると、みなさん、「こんな素敵なキス、初めて」と感激してくれます。それは、私がキスの価値観を認識しているからなのです。豊かなキスは、そのままセックスの味わいの深さにつながります。

キスは非常に重要な愛の技術です。今こそキスの素晴らしさを見直しましょう。キスの価値観と重要性を知り、気持ちいいセックスをするための正しいスタートラインに立ってください。テクニックは、その後から自然とついてきます。

スローセックスには、私が「レインボーキス」と命名した、7種類の基本のキステクニックがあります。興味のある方は、『実践イラスト版　スローセックス完全マニュアル』（小社刊）を参考にしてください。

クンニは女性がイクまでやめない

恋愛やセックスに消極的な男性のことを、草食男子などと呼ぶようですが、先日、知り合いの女性編集者から、「最近は、一歩先に進んで、〝仙人系男子〟という言葉も出てきているんですよ」と聞いて、**頭を殴られた思い**がしました。一歩先どころか、**百歩後退**です。何十人、何百人もの女性を経験した男性が、「もう、女には飽きたよ」と、格好つけるのならまだしも、恋愛やセックスを軽視して、どんな「悟りの境地」があるというのでしょうか？私には、モテない男性の単なる、逃げ、慰め、言い訳にしか聞こえません。

さらに、信じがたいのが、近年、**クンニができない男性が増えている**という事実です。「自分は、フェラチオを要求するくせに、私にはクンニをしてくれません」こんな女性からのクレームをよく聞きます。男性側に、理由を尋ねてみると、「あんな汚いところを舐めるなんて無理」などといった言葉が平気で飛び出します。**事態は想像以上に深刻**です。

本書の読者は、クンニが大好きな成熟した男性ばかりだと信じるとして、しかし、問題は、「クンニ大好き」な男性たちが、クンニの意義と価値を、はたしてどれくらいご存じなのか？　ということです。

ペニスを挿入する前の社交辞令くらいに軽く考えている男性が少なくないからです。とんでもない間違いです。

スクールでは、男性受講生に、「クンニは、前戯のフィナーレ」と教えています。

全身をアダムタッチで愛撫され、たっぷりと官能して極限まで性感を高めて、クリトリスで最高の絶頂を迎える——。観劇やコンサートで言えば、スタンディングオベーションの瞬間。言うなれば、**前戯の集大成**がクンニなのです。言い方を換えれば、スローセックスにおける前戯は、クンニで最大級の官能を女性にプレゼントするために、時間をかけて全身に張り巡らせる長い長い伏線なのです。それが前戯の意義でもあります。

私は、ジャンクセックス撲滅のために、ことあるごとに「イク、イカせるにこだわらないことで、セックスはもっと楽しくなる」と言い続けていますが、クンニだけは唯一の例外です。

ご存じの通り、クリトリスはもっとも敏感な性感帯です。ここまでは男性なら誰もが知っていることですが、実は、クリトリスにはもうひとつ、他の性感帯よりも圧倒的に優れた特長があります。それは、「もっともイキやすい性感帯」ということです。もっともイキやすい性感帯を愛撫されれば、女性は当然**「イカせてもらえる」という期待**をします。この期待を、しかも、交接前の最大の山場というタイミングで裏切ることは、絶対に許されないのです。なにがあろうとも、男の責務、使命として、必ず女性をイカせなければなりません。それも、ただイカせるだけでは、女性の期待に十分応えたことにはなりません。

考えてもみてください。マスターベーションをする女性なら、自分のツボを心得ていますから、その気になれば、ものの数分でイクことができます。ピンクローターを使えばもっと早いでしょう。しかし、男性の陽の性エネルギーと交流のないマスターベーションで得られるのは**低レベルの快感**でしかありません。マスターベーションと同レベルの快感を与えたくらいで、「オレはいつも彼女をイカせてるから大丈夫」と、自己満足してはいけないのです。マスターベーションでは決して味わえない高レベルの快感と、男性の全身全霊を込めた愛撫で、女性に感動を与えることで、セックスの価値観は高まり、女性から愛される男の資格を得るのです。

クンニでイカせるのは当然と認識したうえで、さらに「**女性に感動を与えるクンニ**」であってこそ、クンニは本来の意義と価値を持つということです。

「セックスでは毎回イカせているつもりなのに、なぜか最近、彼女を誘っても応じてくれなくなった」と、訝《いぶか》しがる男性がいます。中学生でもわかるように女性の気持ちを代弁するなら、その男性とのセックスが、彼女にとって本当に楽しいこと、本当に気持ちいいことであれば、**彼女が断るわけがない**のです。会うたびにするほど楽しくない、そんなに気持ちよくない、とくに感動もない。だから断られるのです。もっと言えば、その男性がイカせていると思っているだけで、実は**イッたふりだった**ということも大いに考えられます。イカせているというだけで満足してはいけないと私が強調するのは、つまりそういうことです。

感動を与えるクンニを行うために、大切なポイントはふたつあります。ひとつは、クンニを始める前に、前戯でしっかりと伏線を張り、クリトリスの性感を最高レベルに高めておくこと。そしてもうひとつは、これが一番大事なことですが、一度、舌先がクリトリスに触れたら、女性がイクまで**何があっても途中で「クンニをやめない」**ことです。

クリトリスはイキやすい性感帯、というのは言ってみればセックスの教科書に書かれている一般論でしかなく、世の中、イキやすい女性ばかりではありません。イキにくい女性もいますし、イキやすい女性でも、その日の体調にも大きく左右されます。

仮に、彼女から「私、イキにくい体質なの」と言われたからといっても、「じゃあ、イカせられなくても適当なところでやめればいいや」などと考えてはいけません。イキにくい体質だとしたら、逆に、**クンニで感動を与える大チャンスの到来**なのです。30分でも1時間でも、**舐め続ける覚悟と決意**を持って臨んでください。

クリトリスの皮をしっかりむいて、やわらかい舌先で、超ソフトタッチをキープしながら、舌を高速で動かしましょう。

相手がイキにくい体質だからといって、早くイカせようと、愛撫を強めるのは大間違いです。強い愛撫では、女性が気持ちよくなる前に、クリトリスが痛くなってしまいます。長時間勝負と覚悟を決めて、クリトリスが痛くならないように、極めてやさしい舌使いで、女性が官能モードに至るまで、粛々《しゆくしゆく》とクンニを続けてください。

イキやすい女性の場合は、また別の注意が必要です。それは、早くイカせないことです。性エネルギーは、愛撫の時間に比例して増幅します。十分に性エネルギーが溜まっていない時間帯でイカせてしまえば、**快感は低レベル**です。そこに感動はありません。早くイカせようとしないやさしい愛撫こそ、最後の爆発力を大きくするのです。とくにイキやすい女性の場合は、「イカせないのがイカせるコツ」なのです。くれぐれも、タイムレースを競っているのではないということを、肝に銘じてください。

マッサージ用オイルはセックスの必需品

ペニスを挿入する時に、潤滑油の代用として、自分の唾液《だえき》をペニスや女性器に塗りたくる男性は少なくありません。あなたも、あたかも普通のこととしてやっていらっしゃるかもしれませんが、これは非常識も甚だしい、**最悪な行為**です。唾液はすぐに乾いて潤滑油の役目を果たさなくなりますし、乾くと異臭を発します。そもそも、セックスに美しさを求める女性の観点に立てば、行為自体、決して好ましい印象を与えません。

非常識がまかり通っているのには、膣のいわゆる「濡れ」に対する誤解も原因です。一般男性の多くは、女性は「感じると濡れる」と思い込んでいますが、まさに**間違いマニュアルの典型**です。正解は、女性は「期待と興奮で濡れる」です。そして、濡れには個人差がとても大きく、体質的に濡れにくい女性も数多く存在しますし、経験の少ない男性には信じられない話かもしれませんが、まったく感じていないのに、洪水のように愛液が溢れる体質の女性もいるのです。

セックスの一般常識としてインプットして欲しいことは、挿入時には十分に潤っていた膣が、**交接を続けているうちに乾いてくる**ことは、ごくごく当たり前のこととして存在するということです。この真実を知らない男性は、交接の途中で膣が乾いてくると、自信をなくしたり、逆に「感度が悪い」と女性を責めたりします。こうした無知による不幸の連鎖を食い止め、女性からのSOSが多い、「性交痛」の悩みをいとも簡単に解消してくれる便利アイテムが、「マッサージ用オイル」なのです。

私の自宅のベッドサイドには、マッサージ用オイルが常備してあります。ラブホテルなど自宅以外でセックスをする際にはかばんに忍ばせて持っていきますし、もちろん、セックスでは毎回使用しています。男性受講生にも、「マッサージ用オイルはセックスの必需品」と標語のようにして、常にマッサージ用オイルを使うように徹底して指導しています。

マッサージ用オイルが活躍するのは、交接の時だけではありません。女性からペニスを愛撫してもらう時もマッサージ用オイルを使うか使わないかでは、その快感は**雲泥の差**ですし、マスターベーションの時も必ず使います。しかし、一般のカップルの間では、マッサージ用オイルの使用はまだまだ浸透していません。その理由のひとつは、アダルトグッズで売られているローションを使った、いわゆる「風俗的なプレイ」のようなイメージを持たれているからだと思います。

使っていただければすぐにわかることですが、ローションとマッサージ用オイルは、似て非なるものです。まず、ローションのようにやたらとヌルヌルしません。もっとねっとりとしていて、絶妙な摩擦係数なのです。しかも、ローションのようにすぐに乾いたりしません。数滴垂らすだけで、ずっと**絶妙な摩擦係数をキープ**してくれます。また、ローションは使用後に洗い流すのにとても時間がかかりますが、マッサージ用オイルは、タオルで拭《ふ》き取るだけで大丈夫です。

とにかく、こんなにお手軽で、重宝するものはありません。家電で新製品が出たと聞いたら、まだ使えるのに買い替えるほど便利さに貪欲《どんよく》な現代人が、なぜこんなに便利なアイテムをセックスに導入しないのか、本当に不思議なくらいです。

マッサージ用オイルは、「変態っぽい」ものでも「マニアック」なものでもありません。現代人のセックスを、より楽しく、より気持ちよくしてくれるための、強力な味方です（私が開発した性器愛撫用の「アダムオイル」がおすすめです）。

スローセックスを楽しむために、もうひとつおすすめの便利アイテムがあります。それが「ベビーパウダー」です。

風呂上がりや、汗ばむ季節など、女性のカラダにパウダーを振りかけて、アダムタッチを施してあげましょう。指の滑りがよりなめらかになり、女性に心地よい癒《いや》しを与えます。癒しが加わることによって、快感が重層的になります。その効果は、性メカニズム的に、女性の満足感を大きく前進させるように作用するだけでなく、男性自身も、相手を今まで以上に、愛おしく感じられるようになるのです。

マッサージ用オイルとベビーパウダーはセックスの必需品ということが、すべてのカップルの常識になる日を願ってやみません。

第5章 まとめ

・交接とは「ペニスによる膣への愛撫」
・女性は「圧迫」と「振動」に性的な快感を覚える
・相互愛撫によって、互いの性エネルギーがどんどんレベルアップする
・女性を感じさせるために必要なのは、本能ではなく、明確な戦略と確かな技術
・女性は、フランス映画のラブシーンのような美しいセックスの始まりを望んでいる
・クンニを始めたら、女性がイクまで何があってもやめてはいけない
・唾液を性器に塗るのは「非常識」
・交接を続けるうちに膣が乾いてくるのは普通のこと

第6章

セックスで得られる「男性力」が人生を変える

愛の「本質」を理解しよう

今ほど、**中高年男性が若い女性にモテる時代はない**のではないでしょうか。私の周りにも、ひとまわり以上も年の離れたカップルがたくさんいます。ひと昔前には考えられなかった状況です。

同世代の男性が子どもっぽく見える。頼りない。草食男子が多く口説いてくれない。オジサンのほうがお金持ち。ねちっこいセックスが好き……。20代の女性が30代半ば以上の大人の男性をパートナーに選ぶ理由はさまざまで、時代的な要因も大きいと思いますが、もっとも大きいのは、豊富な人生経験に裏打ちされた、総合的な意味での「男性力」の高さだと分析しています。やさしい、甘えさせてくれる、懐が深い、頼りがいがある、何でもわがままを聞いてくれる、器の大きさが違う、言葉に重みがある……、そんな点で彼女たちはオジサンを評価します。

本章では、あなたの「男性力」をさらにアップさせるヒントを提示していきます。

まずは、あなたに「愛」についての認識を深めて欲しいと思います。日本人男性の性質と言っていいかもしれませんが、「愛」という言葉を聞くだけで、照れくさがったり恥ずかしがったりする人が少なくありません。性やセックスの話題を、すべて下ネタとかエロ話というジャンルで括《くく》って、真面目《まじめ》にできないのと同じで、愛の価値や本質について真剣に考えたことがない男性がとても多いのです。あなたもそのひとりではありませんか？　いい機会です。愛について真剣に考えてみましょう。

愛という言葉を口に出すことには抵抗のある男性も、**誰もが愛を欲しています**。愛に満ち足りた人生を送りたいと思わない人など、世の中にいないでしょう。では、今文章の中で当たり前のように使った「愛」とは、本来何を意味する言葉だと思いますか？

愛とは**「愛する」**ことです。

何を当たり前のことを言っているんだと思われるかもしれませんが、今、愛＝「愛される」ことだと思っている人がとても多いのです。人から愛されたいと思う気持ち。とくに自分の愛している異性から愛されたいと思うのは、男性としても人間としてもとても自然な欲求です。だから間違えやすいのですが、本来愛情とは**「愛する」ことに喜びを感じる感情**のことを指しているのです。

日本の現実を俯瞰《ふかん》してみましょう。巷《ちまた》には愛という言葉が溢《あふ》れています。ドラマにも映画にも、女性誌にも、人気シンガーが歌う詞の中にも、愛という言葉が溢れています。それはすなわち、現実の社会に愛が涸渇《こかつ》していることの裏返しです。日本人の多くが「愛が足りない」と思っている。そして、「もっとオレを愛して！」「もっと僕のことを見て！」「僕に気づいて！」と心の中で叫んでいます。

誰もがもっと愛されたいと思っているのに、愛されないのは、その欲求が、**身勝手なミーイズム**的な感情でしかないからです。

順番を間違えてはいけません。「愛される」ためには、「愛する」が先に来ないといけないのです。誰か僕のことを愛してくれないかな〜と、待っていても愛はやってきません。愛の本質を手にするためには、人を愛することに、純粋な喜びを感じられる人間にならなければいけないのです。耳が痛いですか？　愛の話を続けます。

では、「愛する」とは具体的にどういうことを指していると思いますか？　と、突っ込んで聞かれると、急には答えが出てきませんよね。実際問題、私の周りにも、「もっと奥さんを愛してあげましょう」とアドバイスしても、「それは、たとえばどんなことをすればいいんですか？」と、聞いてくる男性が多くて困ってしまいます。答えは簡単です。

愛するとは、「**相手が喜ぶことをすること**」です。そのためには、相手が何をしたら喜ぶのか知らなければいけません。「もっと、僕を見て」の逆で、男性が、女性のことをもっと見てあげなければならないのです。「なんでオレの気持ちをわかってくれないんだ？」ではなく、女性の立場に立って、何を考えているのか、今どんな気持ちなのかを、察してあげなければならないのです。

相手が喜ぶことをする時の最大のポイントは、**見返りを求めない**ことです。心から相手を喜ばしてあげたいと思い、相手が喜ぶ笑顔を見て、その笑顔が自分の喜びに替わる。これが当たり前のようにできるようになったら、男性力はグングンとアップします。

セックスで考えてみましょう。相手が喜ぶことをするためには、まず相手の気持ちいい部分を知らなければいけません。この時点ですでに、これまで自分が触りたいところと舐《な》めたいところしか愛撫《あいぶ》していなかった男性には、反省点だらけだと思います。乳首やクリトリスだけではなく、いろいろなところを愛撫してあげて、その時の女性の反応をしっかりと観察しましょう。前戯の意識が自分本位から女性本位に変われば、極端に言えばテクニックが同じでも、女性の感じる気持ちよさは、格段にアップします。彼女はそのお返しに、**今まで見たこともない官能美を見せてくれる**でしょう。そんな彼女の姿を見れば、あなたは間違いなく、もっと気持ちよくさせてあげたいと思うはずです。

「愛する」と「愛される」の順番を正しく置き換えるだけで、あなたの内側に眠っていた「やさしい気持ち」が**自然に目覚めてくる**のです。

さて、女性の喜ぶことをしてあげる時には、ひとつ注意点があります。それは、**特大ホームランを打とうとしない**、ということです。女性を喜ばせましょうと言うと、とかく男性は、彼女に内緒で買った高価なプレゼントをサプライジングな演出で渡そうといった壮大なプランを立てがちです。気持ちはよくわかります。しかし、一般女性が本当に魅力ある大人の男性と思うのは、何気ない日常の中で、絶えず喜びを与えてくれる男性なのです。夫婦であれば、奥さんの手料理を食べて、「とっても美味《おい》しいよ」と毎日褒《ほ》めてあげるとか、仕事で嫌なことがあっても、自宅に戻ったらいつもやさしい笑顔を彼女に見せて、「おまえの可《か》愛《わい》い顔を見てると仕事の疲れも吹き飛ぶよ。いつもありがとうな」と、労《ねぎら》いの言葉をかけてあげるとか、そんな些《さ》細《さい》な女性への気遣いがうれしいのです。そして、その**何気ないやさしさ**を、10年、20年、30年と、変わらず続けてくれる男性が、**女性の理想**なのです。

一発大逆転の特大ホームランを狙《ねら》うのではなく、コツコツとヒットを積み重ねて得点を稼いでいくこと。日常生活で女性を喜ばせる秘訣《ひけつ》はそのまま、イクという大きな快感にこだわるのではなく、淡い快感をゆったりと時間をかけて味わい尽くすことで、女性は最大級の絶頂に至るというスローセックスのメソッドに通じるのです。

「男らしさ」を勘違いすると悲劇が訪れる

男性と女性は、見た目以上に、その内面に**決定的な違い**があります。

私は、愛《いと》しき女性たちが、ベッドの上で官能のダンスを踊る姿を見るたび、女性が「愛されるために生まれてきた生命体」であることをまざまざと実感します。そう考えなければ、全身に星の数ほど性感帯がちりばめられている理由も、男性とは比べようもないほど複雑で深い官能のメカニズムも説明がつかないのです。

女性が「愛されるために生まれてきた生命体」であるなら、男性はいかなる生命体でしょうか？　男と女はコインの表裏、陽と陰、火と水……。そうです。男性は、「愛するために生まれてきた生命体」なのです。これが男性の本質的性質です。

男性とは本来は、女性を**愛することに喜びを感じる生き物**なのです。しかし現実には、この本質に気がついていない男性が多すぎるのです。人間のオスの本質を男性自身が理解できるかできないかは、「体験としての実感」の有無に関わってきます。愛されることの喜びを、恋愛や結婚やセックスで実感できないために、多くの女性たちが、自分が「愛される性」である自覚を持てないのと同じように、多くの一般男性もまた、女性を愛することの喜びを経験したことがないため、「愛する性」たる本能が芽生えてこないのです。

私は、スクールで男性受講生が「愛する性」の本能を萌芽《ほうが》させる場面に、これまでたびたび立ち会ってきました。男性単独の性技講習は、まず女性セラピストが正しいテクニックを教え、その後、モデルさんと一緒に実践的な講習に移ります。モデルさんたちは、アダムテクニックによって性感脳を開花させた、超敏感な女性ばかりです。スクールのベッドの上で何が起こると思いますか？　男性受講生たちは、モデルさんが見せる、美しくもエロティックな「本物の官能」に生まれて初めて触れた瞬間、文字通り人が変わったように、本当にモデルさんを愛おしそうにずっと愛撫し続けるのです。それも女性セラピストが「ストップ」をかけなければ、**いつまでも続けそうな集中力**で。

　講習前のカウンセリングでは、「セックスの時の前戯の平均時間は？」というアンケートに、シラッと「5分」と答えていた男性でさえも、官能のダンスの虜《とりこ》になってしまうのです。

　男性たちは、「女性は愛されることでさらにその輝きを増す」という自然の摂理とも呼ぶべき愛の本質を目の当たりにして、元々自分の中にあった、「愛することに喜びを感じる」という本能を顕在化させます。

「妻とのセックスが楽しくない」「彼女が思うように感じてくれない。もしかして不感症？」といった不満がある男性は、パートナーを疑う前に、まず自分自身の「愛する性」としての本能がどれほど開花しているか自問自答してみてください。

「男は愛する性、女は愛される性」

　この普遍的で絶対的な相関関係は、どんなカップルの間にも、確実に存在しています。知らないだけ、気がついていないだけなのです。この本質的な性差をしっかりと認識することが、セックスのみならず、日常生活レベルでも夫婦関係、恋人関係を良好に導いてくれるのです。現代社会においてセックスほど、男性が男らしく、女性が女らしくなれる好機はないのです。

やさしさは「型」に宿る

最近のことは知りませんが、私が小さい頃は、母親からことあるごとに、「あなたは男の子なのだから、女の子にはやさしくしないとダメよ」と言われて育ちました。こうした家庭での教育は、私に限った話ではないと思います。では、私と同世代の中高年男性は、若い男性に比べて女性にやさしい人が多いかというと、決してそうは見えません。当時は、今よりも男尊女卑の色合いが強く残っていた時代でもあり、「女は三歩下がって」の言葉に象徴されるように、根拠もなく「男は女より偉い」と思い込んでいる人が少なくありませんでした。ついでに言えば、目上の人を敬う儒教思想を曲解して、相手が年下と見るや、傍若無人な振る舞いをするのも、中高年男性の悪しき特徴です。レストランやホテルなど公共の場で、若い女性のスタッフに命令口調で話したり、大声で怒鳴りつけているオジサンを見るたび、同世代としては、恥ずかしい気持ちになります。

オジサン世代は「最近の若いもんは」と言うけれど、私の目には若い男性のほうが、よほど女性にやさしいように映ります。女性にやさしい若い男性が増えたことの最大の要因のひとつだと思うのが、彼らが「女性はやさしい男性が好き」ということを知識として知っていることです。たとえば、女性誌の恋愛特集では、好きな男性のタイプランキングで必ず「やさしい人」が1位になります。合コンで「どんな人が好き?」と聞いた時の女性の答えも「やさしい人」。要するに、若い男性が女性にやさしくするのは、**モテたい**からです。それは悪いことではないのだけれど、若い男性のやさしさも、内面からにじみ出るものではなく、しょせん恋愛マニュアル的な**付け焼き刃テクニック**にすぎないのです。

その証拠に、若い女性に話を聞くと、「やさしいけど、男としてはなんか物足りない」若い男性が、もっか急増中です。

結局のところ、中高年世代も、若い世代も、彼らの心の中には、**本当の意味での「やさしさ」は宿っていない**のです。それは、彼らが人生の中で、「女性にやさしくするのはよいこと」とは学んでいたとしても、その次の、「やさしさとは何か?」という、やさしさの内面的本質を学んでこなかったからに他なりません。

内面的本質というだけに、人にやさしさを教えるのは容易ではありません。スクールでは二〇〇九年から、エスコートコースを新設し、デートやホテルで女性をやさしくエスコートするノウハウや心構えを教えていますが、たとえそれで具体的なテクニックを覚えたとしても、肝心の本人の心に「やさしさ」が宿らなければ、見かけだけの恋愛マニュアルとなんら変わりはないのです。

女性の心に響く本質的なやさしさを身につけるのは、とても難しいテーマです。しかし実は、とても簡単に、やさしさを手に入れる方法があるのです。それが、「アダムタッチを習得する」という方法です。えっ、セックスのフィンガーテクニックを習得することと、やさしさと何の関係があるの？　と思われましたよね。それが大いに関係があるのです。

アダムタッチは、一言で言えば、「女性の肌にやさしく触れる」愛撫テクニックです。実践で重要となるのは、愛撫する時の手の形です。スクールでは、「アダムタッチの基本フォーム」と呼んで教えています。簡単に説明します。

アダムタッチの基本フォームのつくり方

1、相手の肌の上に、指を自然に開いた形で、手のひらを置く。
2、その手を、肌から水平に、約2センチ浮かせる。
3、その位置から、5本の指先だけを、肌の上にそっと下ろす。

以上。たったこれだけです。なんだ簡単じゃないかと思われるかもしれませんが、実践での最大のポイントは「常に基本フォームをキープする」こと。愛撫の2大メソッドである、「5本の指先が常に均等に、肌に触れるか触れないかの絶妙なタッチ圧」で、「秒速3センチのスピードを厳守」しつつ、最低でも30分以上、先ほどの手の形を同じに保つことは、**口で言うほど簡単なこと**ではありません。油断しているとすぐに、指がバラバラに動く、タッチ圧が強くなる、ついスピードが速くなる、といった不具合が生じてきます。意識しなくても、常に基本フォームをキープできるようになるには、それ相応のトレーニング期間が必要となってくるのです。スクールでは、初級コースで、まずこのトレーニングを徹底的にやっていただきます。上達してくると、男性受講生の日常生活にある変化が表れます。

「コップを持つ時など、ふだんの何気ない手の動きが、とてもやさしくなりました」

「手の動きだけではなく、気持ちまで、やさしくなってきました」

突然ですが、あなたは歌舞伎《かぶき》をご覧になったことはありますか？　日本が世界に誇る伝統芸能である歌舞伎の世界には、時代とともに台詞《せりふ》や演出が変わっても、ひとつだけ絶対に変わらないものがあります。それが「型」と呼ばれるものです。大見得の切り方、なんかがそうですね。歌舞伎は世襲制で、歌舞伎の家に生まれた子どもたちは、幼い頃から、徹底的に型を覚えさせられます。台詞の意味もわからないのに、来る日も来る日も稽古《けいこ》場で、延々と型をカラダに叩《たた》き込まれるのです。ドキュメント番組などで、稽古が辛《つら》くて泣いている幼い2代目の姿を見たりすると、まだ小さいのに可哀想《かわいそう》にと思います。私も以前はそう思っていました。意味もわからずやらせて、なんの意味があるのだ？　と。しかし、ある超有名歌舞伎俳優がインタビューで語った一言を聞いて、私は、すべての意味を了解しました。その言葉とは……。

「型に心が宿るんです」

やさしさも同じなのです。アダムタッチ習得を目的として、徹底的に基本フォーム（型）を指先に覚え込ませるトレーニングを重ねることを通じて、単なるフィジカルなテクニックだけではなく、相手を労《いたわ》る気持ち、相手を慈しむ心、気配りの大切さ、生命の神秘などな ど、愛する技術になくてはならない、**「本質的な愛」が、指先に宿る**ようになるのです。

内面を磨く、と言うから、何か難しいことのように聞こえるのです。

「やさしさは型に宿る」

欲望に任せた自己流の「自由形」では、決して学ぶことのできない本質的なやさしさを、女性の性メカニズムにフィットした、「正しい指の形」で学んでください。

相手を喜ばせる原則は「見返りを求めないこと」

コミュニケーション能力にも通じる話ですが、魅力あるセクシーな男性と認められるために不可欠なのが、「**褒める能力**」です。褒められて嫌な思いをする女性はいない、とは昔からよく言われることで、もっと彼女や奥さんを褒めてあげたいと思っている男性は少なくないと思います。ただ、私の周りを見渡しても、「褒めたいけど、上手に褒められない」男性がとても多いのが現実です。

実は、褒めるのにもコツというか、「技術」があるのです。会話を弾ませるうえでも役立つ知恵だと思いますが、相手を喜ばせることの基本は、「**見返りを求めないこと**」です。一番のお手本が、子を持つ親です。親は子どもを育てる時に、見返りなど求めません。理屈ではない無償の愛を注ぐから、子どもは親を心から信頼し、尊敬し、親から受けた愛情を返そうとするのです。

逆に反面教師となるのは、下心から女性を褒めている男性です。これは男女の仲に限ったことではなく、自分の利益のために相手を褒めるのが、**一番まずいやり方**なのです。人間の直感を侮《あなど》ってはいけません。人は利己的な動機を見逃さないのです。下心丸出しの褒め言葉は、薄っぺらいウソにしか聞こえません。褒めたつもりが、逆に相手の心証を悪くしてしまうという失敗は、いくらでもあります。

見返りを求めない無償の褒め言葉。と言うと、ちょっと難しく思えるかもしれませんので、もう少し別の言葉で言えば、褒めの極意は、「感動を伝える」ということになります。もっと簡単に言えば、「思ったことをそのまま口に出す」のが基本です。たとえば、口先だけで「可愛いね」と言うのと、相手の透き通るような肌の白さに感動して、「うわぁ〜、本当に肌が白くてきれいだね」と言うのでは、相手の受ける印象がまったく違ってきます。言葉にできない素直な感動が相手に伝われば、それはどんな文学的な表現よりも、相手を喜ばせる愛の言葉に昇華されるのです。

「見返りを求めずに感動を伝える」という褒めの極意がわかったら、後は実践で技術を磨いていくだけです。どんどん、褒めてあげましょう。ただ、最初は数々失敗もあると思います。実は、私も偉そうなことを言っていますが、つい先日、大失態をしてしまいました。レストランのレジ係の女性の胸があまりにも大きくて素敵だったので（推定Hカップ）、感動のあまり、つい考えるより先に、「ウワー、大きな胸ですねぇ」という言葉が口から出てしまったのです。瞬間、しまった、と思いましたが後の祭りです。店の外に出るまで、彼女に睨《にら》まれてしまいました。彼女にとって、大きなバストはコンプレックスだったのでしょう。

「肉体に関することを褒めるのは、避けたほうが無難」というノウハウを私が知らなかったわけではありませんが、それでも、つい思わず、という**失敗はつきもの**です。失敗にめげず、実践で学んだ生きた教訓として、脳に刻み込み、自分のためにではなく、愛する女性を喜ばせてあげるために、褒めまくるトレーニングを続けてください。

セックスに必要とされる「感性」

女性を褒めるトレーニング、また女性を褒めることの意義を知ると、単に褒め上手になれるだけではありません。社交性や洞察力、空気を読む力も鍛えられ、恋愛シーンのみならず、**ビジネスシーンにも生かされる**男性力が身につきます。

もっとも私が有益だと思うのは、褒めることは、「感性」を研ぎ澄ますトレーニングになるということです。

「感性」という言葉は知っていても、一般の方には、日常的にあまり馴染《なじ》みがないと思います。しかし実は、セックスの上手《うま》い下手があるとすれば、それは感性の差と言ってもいいくらい、感性は重要な人間の能力なのです。

まず感性とは何か？　わかりやすい日本語で言えば、「**小さなことに感動できる力**」です。先ほどの巨乳エピソードは、悪い例ですが、誰でも大きなことには感動できるのです。富士山を見れば、誰もが「わー、やっぱりデカイなあ」と思うけれど、道端にひっそりと咲く名もなき野草にどれだけ感動できるか？　それが感性です。感性の乏しい人は、野草の存在にすら気づかないでしょう。

そして実は、「気のコントロール」でも感性が重要です。気とは、本当に微妙な感覚なのです。現に、誰もが気を持っていても、「気の存在」を意識できている現代人は、ほとんどいません。知識の問題もありますが、知らないことよりも、繊細で鋭敏な感性がないから、そのほんの微細な感覚でしかない気に、気づくことができないのです。

褒めるためには、相手を注意深く観察しなければなりません。注意深く観察していると、それまで見えなかったものが見えるようになります。たとえば、見慣れている彼女や奥さんの顔。その唇だけに照準を合わせて自分の目が顕微鏡になったようなつもりでじっくり観察を続けていると、その形や色つやが、同じ唇でも、男性のそれとはまったく違うものだということに改めて気がつくはずです。そんな気持ちで、実際に唇を重ねてみると、「ああ、なんて柔らかいんだ」と、**驚くほど素敵な感触を味わえる**はずです。私は男性受講生に、感性の大切さを知ってもらうために、「騙《だま》されたと思って一度、彼女の唇で一句詠《よ》むつもりでキスをしてみてください」と言います。すると男性受講生たちは、「キスの価値観が百八十度変わりました」と報告してくれます。キスひとつとってもそうなのです。男性とは見た目からしてまったく違う、胸や女性器に至っては、感性を発揮するかしないかでは、感動のレベルに**天と地の開きが生じてくる**のです。

男性とはまったく異なるメカニズムが働く「女性の官能」という領域にまで話を広げていくと、セックスを感性で捉えている人と、そうでない人とでは、セックスの喜びや楽しみが**まったく変わってきます**。

セックスの醍醐味《だいごみ》を心から堪能《たんのう》するためのキーワードが「感性」です。先ほど、大きなことには誰でも感動できると書きましたが、セックスでいう大きなことの代表が「イク」です。そして、小さなことが「淡い官能」です。

私が、常日頃から「イクことにこだわらず、感じることを楽しむ」のがスローセックスと言い続けているのは、大きな「イク」ばかりに目を奪われると、小さなしかしとても大切な「淡い官能」の素晴らしさに気づかないからなのです。

淡い官能を味わい尽くすことはセックスの醍醐味のひとつです。感性を育てれば、淡い官能をもっと楽しめるようになります。淡い官能を楽しめるようになれば、感性もさらに伸びます。この好循環を起こすことが、セックスを10倍楽しむ秘訣なのです。

男のコンプレックスは克服できる

早漏以外にも、セックスのコンプレックスはあります。包茎、短小、ＥＤ（勃起不全）、また童貞など女性経験が少ない場合も、それがコンプレックスになります。

早漏の場合と同じように、「もう治らない」と決めつけて、男性としての自信を失って「こんな自分は女性に愛される資格がない」とあきらめてしまっては、一度きりの人生が台無しになってしまいます。

確かに、性の悩みは、本人にとって深刻な問題です。私も軽々しく論じることはできません。しかし、スクールの運営を通じて、これまで数千人の男女を見てきた私が、自分自身の経験も含めて、強くアドバイスしたいのは、「**悩みをカミングアウト**しましょう」ということです。隠したい気持ちはよく理解できます。ましてや自分が愛する女性には、絶対に知られたくないと思うのは、当然の男性心理でしょう。

しかしです、苦楽を共にするという言葉がありますが、悩みを共有することで、愛の絆《きずな》は**確実にいっそう深まっていく**のです。私は理想論を言っているのではありません。たとえば、本書のメインテーマである早漏にしても、パートナーの女性にカミングアウトして、女性にトレーニングに協力してもらうことで、克服が早まったという実例を、私は数多く知っています。「話して気持ちがずっと楽になった」「なんでも話し合えるようになって、セックスが楽しくなった」という報告は枚挙にいとまがありません。ほんの少し勇気を出してカミングアウトすれば、**いいことずくめ**なのです。

隠すことに何のメリットもありません。もっとはっきり言えば、男性は隠しているつもりでも、女性にはとうの昔にバレていることのほうが多いのです。早漏を隠している男性がよく使う手に、「イキそうになるたびに体位を変える」や「射精した後も、射精していないふりをしてしばらくピストンを続ける」などがありますが、女性から話を聞いてみると、よほど経験の少ない女性でない限り、ほとんどバレています。そして彼女たちは、**とっくにバレている**ことを隠しているのです。男性のプライドを傷つけないようにと。この伝えようのない気まずさは、セックスを存分に楽しめないというだけでなく、恋愛という視点から見ても**不幸なこと**です。

コンプレックスにかけては大先輩である私から、魂のメッセージを送ります。

「どうせバレちゃってるんだから、早くカミングアウトしちゃいましょう」

世の中に完璧《かんぺき》な人間などいません。私も、あなたも、あなたの彼女だって完璧ではないのです。完璧ではないから、男女は愛する人を探し、愛する人と一緒に手に手を取って、理想を目指すのではないでしょうか。

　さて、性の悩みには、さまざまな誤解もあります。誤解がコンプレックスを**必要以上に大きくしている**ことは、よくあることです。そこで、悩める男性たちのカミングアウトのお手伝いという意味で、本項冒頭の４つのコンプレックスに関して、手短にコメントさせていただきたいと思います。

包茎は自分で治せる！

　実は私は、大学を卒業する頃まで真性包茎でした。高校、大学と、友人どうしでお風呂に入るたび、「なんでみんな、ちゃんとむけているのだろう」と不思議でなりませんでした し、「こんなペニスで女性とセックスできるのか？」と不安でなりませんでした。

　それで私はどうしたかというと、**自分で治した**のです。力技です。一念発起して、むけるように皮を必死で引っ張り続けたのです。**そうとうな痛み**です。でも耐えられないわけではありませんでした。少しずつ少しずつ皮をむいていくのです。３日後、ついにペロンと皮がむけました。亀頭が真っ白い垢《あか》に覆われていました。風呂場できれいに洗って（洗う時もかなり痛かったです）、皮を完全にむいた状態でパンツに収めます。ここでせっかくむけた皮を戻してしまうと勃起してから手でむかなくてはいけないような仮性包茎になるばかりか、むいた後のペニスが痛いままとなります。なるべくむいた状態のまま、やわ肌がパンツに擦《こす》れて多少痛いとしても、この状態に亀頭を馴《な》れさせることが大事です。我慢できなくなるくらいヒリヒリしてきたら、一度皮を戻して、時間をおいて、またむいてパンツをはく。この繰り返しで、私の場合、3週間くらいで治ったと記憶しています。男性受講生の中には、「むいた状態をキープするために、ペニスの根元に絆創膏《ばんそうこう》を貼《は》った」という人がいました。その彼は、2週間で治ったそうです。いずれにしても、皮が戻らないように、皮に「躾《しつけ》」をすることが大切です。

ペニスの大きさは関係ない！

日本人のペニスの平均的な長さ（勃起時）は、12・5センチと言われます。ほとんどの男性誌にペニスが大きくなる薬の広告が載っていることからも、短小で悩む男性は相当数いるということがわかります。ちなみに私は平均サイズです。

さて、短小という悩みのバックグラウンドにあるのが、日本人の**巨根願望**です。一般男性の多くは、「女性も大きなペニスが大好きで、ペニスが大きいほど女性を満足させられる」と思い込んでいますが、これは男性の**妄想**です。ほとんどの女性は、「普通が一番」と思っているのです。逆に大きすぎるペニスは敬遠されます。それは「大きすぎて膣《ちつ》のサイズに合わない」から痛い、というよりも、ペニスが大きな男性は、その自慢の武器でとにかく激しく突けば女性は感じるものだと信じ込んでいるために、単なる「ピストンマシーン」になってしまうという理由のほうが大きいのです。サイズではなく、乱暴な腰使いが女性の性メカニズムにフィットしないことが問題なのです。

また男性の中には、女性の膣を「ゴム管」のようなイメージで捉えている人が多いのですが、ここにも誤解があります。女性の膣は、たとえるなら「風船」です。つまり、男性のペニスのサイズに合わせて、自在に縮んだり膨らんだりして形を変えることができるということです。ペニスと膣のフィット感はとても大切なのですが、どんなペニスでも女性の膣にフィットさせる簡単な方法があります。

それは、ペニスを膣に挿入した後、**しばらく腰を動かさない**ことです。時間にして数分、腰を動かさずに、一体感を楽しんでください。すると、その間に、先ほど風船にたとえた膣が、男性のペニスのサイズに合わせて、**ちょうどいい大きさに変化**してくれます。「ピストンしないと女性は感じない」という誤解が、挿入した途端にピストンを開始するジャンクセックスにつながり、男女の心の隙間《すきま》と同じように、ペニスと膣の間にも隙間をあけてしまうのです。

ペニスの元気は「気の若さ」から

ストレス社会の現代、EDに悩む男性は少なくありません。予防策、改善策として、正しい食生活と、健康管理が大切なのは当たり前の話ですが、それだけでは不十分です。

私は、よく「アダムさんって、本当に若々しいですよね」と言われます。見た目はともかく、自分でも「気が若い」ほうだと思っています。自慢にはなりませんが、私の精神年齢は18歳くらいで止まっています。

私は、気持ちが若いことが、何よりも下半身の健康に重要だと考えています。下半身の元気には、生命の源となるエネルギーが不可欠です。私たちはエネルギーというと、まずは食事を連想するように、つい口から入ってくるエネルギーのことだけに意識をとらわれてしまいがちです。しかし実際には、太陽の光、空気中の酸素など、私たちの周りには目に見えないエネルギーがたくさん存在しています。注目して欲しいのが、本書でも再三取り上げてきた性エネルギーです。

中国の「房中術」をご存じでしょうか？　今では、HOW TO SEXの古典のように捉えられていますが、実際は、元祖アンチエイジングの研究論文とでも言うべきものなのです。かつての中国の王族や為政者は、若い処女とのセックスによって不老不死を手に入れることができると信じていました。どうすれば、より効率的に処女の汚れなき生命エネルギーを自分の体内に吸収することができるか？　その研究をまとめたものが、房中術なのです。

私が周囲から「若々しい」という評価を得るのは、生来の楽天的な性格もありますが、何より、仕事がら日頃から若い女性たちに囲まれて、常に彼女たちから、若い性エネルギーをもらっていることが最大の要因だと考えています。

いつまでも下半身を若々しく保つコツは、ずばり**「年相応にしない」**ことです。ファッションや会話の内容がジジくさくなってないですか？　この機会に自己点検してください。

中高年はナンパも合コンも禁止なんていう法律など日本にはありません。会社勤めの方なら、若い社員を誘って飲みに行くのもいいでしょう。若い女性たちから生命エネルギーをもらうための方策は、とにかく**褒めてあげる**ことです。褒めれば相手は喜んでくれます。「喜び」こそ生命エネルギーです。無償で女性を喜ばせた対価として、私たち男性は、食事では得られない大きなエネルギーを得ることができるのです。

休みの日、家でゴロゴロしていませんか？　ゴロゴロしていても、エネルギーは溜《た》まりません。逆に**気力も筋力も落ちるだけ**です。趣味のサークルや地域ボランティアなど、若い人たちが集まる場所に積極的に参加して、生命エネルギーをいっぱい補給しましょう。

私の趣味はサルサダンスなのですが、ダンスは若い女性と公然と肌の触れ合いを楽しむことができてとくにおすすめです。出会いのチャンスも増えるので一石二鳥ですよ。

女性が嫌いなのは童貞ではなくジャンクマン

私のブログを読んでくれている男性から、「童貞だと女性に嫌われませんか?」という悩み相談がしばしば寄せられます。どうも、童貞には、格好悪い、ダサい、モテなさそう、といったネガティブなイメージが固定してしまっているようです。

もちろん、セックスで経験は重要な要素のひとつです。スローセックスのテクニックも、基本を学んだだけではダメで、実践の中で、練磨していかなければ、生きたテクニックにはなりません。しかし、男性は、誰でも最初は童貞なのです。焦ることも、悲観的に捉えることもありません。

私の初体験は、24歳です。しかも、私がセックスのテクニックを身につけたのは、30代半ばです。自分で言うのもなんですが、それでも、ここまで来られました。

「童貞だと女性に嫌われませんか?」という、心配な気持ちはわかります。しかし、女性が本当に嫌いなのは、童貞ではなく、ジャンクセックスをする男性です。自分が気持ちよくなることだけを考えて、**女性を性的対象としか見ない未熟な男性が、女性は大嫌い**なのです。

第6章　まとめ

・愛とは、「愛されること」ではなく、「愛すること」である
・女性を喜ばせるためには、ホームランを狙うのではなく、日々ヒットを重ねることが重要
・男性は、女性を愛することに喜びを感じる生き物
・セックスほど男性が男らしく、女性が女らしくなれる好機はない
・相手を喜ばせることの基本は「見返りを求めないこと」にある
・セックスで鍛えられる感性は、ビジネスシーンにも生かされる
・コンプレックスを解消するためには、悩みをカミングアウトすればいい。それは、とっくにバレている

あとがき

早漏克服は、現代男性の必須課題です。「たった3分」のままだと男として恥ずかしいからとか、自分がみじめだから、というのではなく、愛されるために生まれてきた生命体である女性に、本当のセックスの喜びを与えてあげるために、男性の使命として、早漏克服を成し遂げてください。

最後にもう一度言います。早漏は絶対に克服できます。もちろん、正しいトレーニングを継続して行うことが条件になりますが、その条件さえ満たしていただければ、百パーセントの克服率をお約束します。そう断言してなんら差し支えがないほど、私が考案したトレーニング法は完璧《かんぺき》なのです。

1ヵ月後か3ヵ月後か半年後か、時期までは予測できませんが、必ずあなたは早漏を克服し、さらにその上のスキルである、射精を自在にコントロールできる「超漏」を手にされていることでしょう。射精のことを心配せずに、好きなだけピストン運動ができるようになったあなたは、進化したペニスの威力にしばらくは夢中になることでしょう。早漏時代とはセックス観が百八十度変わり、まるでセックスを覚えたばかりの頃に戻ったように、セックスが楽しくて仕方がなくなるはずです。

そこで、私からひとつお願いがあります。どうか、早漏の克服だけで、あなたの進化を止めないで欲しいのです。早漏を克服し、セックスの景色が一変した時こそ、その好機を逃さずに、セックスをジャンクからスローにパラダイムシフトしてください。スローセックスのテクニックをマスターして、愛すべきパートナーに、本当の官能と本当の絶頂を与えることのできる成熟した男性へと、一気に階段をかけ昇ってください。

世の中はセックスがすべてではありません。けれども、セックスが、本当に気持ちいい「愛の行為」でありさえすれば、世の中のほとんどの男女の問題は解決できると、私は確信しています。愛し合っているはずの男女が、些細《ささい》なことで衝突するのは、互いが一歩も譲らずに自分の意見を主張するからです。そうなってしまう最大の原因は、お互いが相手の立場に立って考えるという精神的なゆとりがないことにあります。人は、気持ちいいセックスで、人間の根源的な欲求が満たされると、それまでがウソのように心に余裕が生まれます。女性は、心とカラダを満たしてくれた男性に対して、自然と一歩下がって、男性を立ててくれるようになります。それが大和撫子《やまとなでしこ》の本来の性質なのです。男性もまた、むやみやたらに男の威厳を振りかざして偉そうな態度を取ることがなくなります。なぜなら、男の威厳は十分すぎるほどベッドの上で示せているからです。

あなたが本当のテクニシャンになるためのキーワードが、「気（性エネルギー）」です。今回、気に関する記述には、かなりの紙幅を割きました。それはもちろん、「気をコントロールする」ことが、早漏克服の必須課題だからに他なりませんが、私の本当の狙《ねら》いは、トレーニングでの貴重な体験を通じて、ひとりでも多くの男性に、「セックスの本質は気の交流である」という真実に気がついてもらうことです。

メンタルトレーニングは、今やスポーツの世界では当たり前のことです。実は、これまで誰も言及してこなかったことですが、セックスでもメンタルは、テクニック以上に重要な男性力のひとつです。なぜか？　女性は男性のテクニックそのものに官能するのではなく、「愛に官能する」からです。それが女性という生き物なのです。

気とは文字通り「気持ち」です。言葉では言い尽くせない愛情という気持ちを、女性に伝えてくれるのが性エネルギーです。そして性エネルギーのコントロールこそ、セックスでもっとも重要なメンタルトレーニングなのです。

性エネルギーのコントロールは、一朝一夕に習得できるものではありませんが、性エネルギーを意識できるようになるだけでも、確実に気の交流は発生します。それは、あなたが、セックスでしか伝わらない愛を、女性に伝えることができるようになるということです。男性から愛されているという実感は、女性の官能を豊かに変えます。あなたのトレーニングの成果は、パートナーの女性の性感までも瑞々《みずみず》しく進化させるのです。

あなたの大逆転を、心から応援しています。

性器愛撫専用オイルとして開発した「アダムオイル」は、
以下のホームページから購入できます。

アダム徳永公式サイト
http://www.adam-tokunaga.com/

著者略歴

アダム徳永（あだむ・とくなが）

名古屋芸術大学卒業後、渡米。イラストレーターとして活躍するかたわら、1988年、ロサンゼルス市が発給するマッサージ・テクニシャンの資格を取得。人体の神秘に魅せられる。帰国後の1991年、「M&W オーガズム研究所」を創設。14年の歳月と、1000人以上の女性とのフィールドワークを経て、最高のエクスタシーが得られる性技法・アダム性理論を確立。超ソフトでたゆたうように愛撫していくそのスタイルを、〝スローセックス〟と命名、スローセックスの生みの親となる。2004年、東京・六本木に「セックススクールadam」を設立。予約3ヵ月待ちの人気となる。誤解だらけのセックスの仕方と、男女のしあわせをサポートするべく、スローセックスの啓蒙に従事。

著書『スローセックス実践入門』（講談社）が37万部を超えるベストセラーとなったほか、自身のアメーバブログが総合ランキングで2位を記録するなど、セックスの新しいスタンダードとなる。『実践イラスト版 スローセックス 完全マニュアルⅠⅡ』『アダム徳永の夜恋カウンセリング』『スローセックスの奇跡 1000人の女性を癒した「性のカルテ」』『妻を愛する技術』（以上、講談社）など著書多数。台湾でもブームとなっている。

「たった3分《ぷん》」からの大逆転《だいぎゃくてん》
——男《おとこ》の「早《はや》い」は才能《さいのう》だった！

二〇一〇年二月一〇日 第一刷発行
二〇一一年二月 四 日 第二刷発行

著者——アダム徳永《とくなが》
カバーイラスト——浅妻健司

発行者——鈴木 哲　**発行所**——株式会社講談社
東京都文京区音羽二丁目一二—二一　郵便番号一一二—八〇〇一
電話　編集〇三—五三九五—三五三二　販売〇三—五三九五—三六二二　業務〇三—五三九五—三六一五
本文組版——朝日メディアインターナショナル株式会社
印刷所——豊国印刷株式会社　**製本所**——株式会社国宝社

落丁本・乱丁本は購入書店名を明記のうえ、小社業務部あてにお送りください。送料は小社負担にてお取り替えいたします。
なお、この本の内容についてのお問い合わせは生活文化第三出版部あてにお願いいたします。

ISBN978-4-06-216004-9　定価はカバーに表示してあります。